한 가지 조리법으로 식탁이 풍성해지는

솥밥보다 쉬운 후라이팬밥

솥밥보다 쉬운 후라이팬밥

1판 1쇄 ◦ 2022년 4월 10일(2000부)
1판 2쇄 ◦ 2022년 4월 20일(2000부)
1판 3쇄 ◦ 2023년 1월 10일(2000부)

지은이 ◦ 김희종

기획 및 편집 ◦ 장은실
교열 ◦ 조진숙
사진 ◦ 김정인
디자인 ◦ Relish
촬영 도움 ◦ 박지연, 서세은
인쇄 ◦ 규장 TPC(02-2271-2799)

펴낸이 ◦ 장은실(편집장)
펴낸곳 ◦ 맛있는 책방 Tasty Cookbook
　　　　　서울시 마포구 마포대로 12, 1715호
　　　　　◉ tastycookbook
　　　　　✉ esjang@tastycb.kr

ISBN 979-11-91671-08-7 13590
2023ⓒ맛있는책방 Printed in Korea

- 이 책은 저작권법에 따라 보호받는 저작물이므로 무단 전재와 무단 복제를 금하며,
  이 책의 내용 전부 또는 일부를 이용하려면 반드시 저작권자와 맛있는 책방의 서면 동의를 받아야 합니다.
- 책값은 뒤표지에 있습니다.
- 잘못 인쇄된 책은 구입하신 곳에서 교환해드립니다.

한 가지 조리법으로 식탁이 풍성해지는

솥밥보다 쉬운 후라이팬밥

김희종 지음

맛있는 책방

006	HOW TO READ	016	후라이팬밥과 파에야,
008	PROLOGUE		솥밥의 차이점은 과연 무엇일까요?
012	후라이팬밥을 시작하며	018	후라이팬의 종류
014	후라이팬밥 기본 조리 방법		
	후라이팬 기본 사용 방법		

Part 1
술안주 후라이팬밥

024	해산물 후라이팬밥
028	머스터드 허브 크림 닭고기 후라이팬밥
032	토마토 올리브 후라이팬밥
036	문어 베이컨 후라이팬밥
040	새우 비스크 소스 후라이팬밥
044	버섯 들깨 후라이팬밥

Part 2
간편 후라이팬밥

052	소시지 후라이팬밥
056	미트볼 후라이팬밥
060	참치 감태 후라이팬밥
064	옥수수 후라이팬밥
068	순두부 후라이팬밥
072	미역 들깨 후라이팬밥
076	완두콩 그린 커리 후라이팬밥

Part 3
이색적 후라이팬밥

082	오징어 먹물 후라이팬밥
086	콩칠리 후라이팬밥
090	중화풍 후라이팬밥
094	매생이 굴 후라이팬밥
098	동남아풍 차돌박이 후라이팬밥
102	시금치 페스토 후라이팬밥
106	잠발라야 후라이팬밥

Part 4
든든한
후라이팬밥

112	삼계 후라이팬밥
116	꽃게 후라이팬밥
120	페퍼 소스 스테이크 후라이팬밥
124	생선통구이 후라이팬밥
128	연어 시즈닝 후라이팬밥
132	레몬 가리비 후라이팬밥
136	파불고기 후라이팬밥

Part 5
캠핑용
후라이팬밥

142	바지락 통오징어 후라이팬밥
146	골뱅이 후라이팬밥
150	양갈비구이 후라이팬밥
154	부대찌개 후라이팬밥
156	삼겹살 김치볶음 후라이팬밥
160	간장닭갈비 후라이팬밥

Part 6
채소
후라이팬밥

164	양배추 김가루 소스 후라이팬밥
168	콜리플라워 후라이팬밥
172	라타투이 후라이팬밥
176	뿌리채소구이 후라이팬밥
180	초록초록 후라이팬밥
184	말린 단호박과 당근 후라이팬밥
188	템페고추장 콩나물 후라이팬밥
192	냉이된장 후라이팬밥
198	EPILOGUE

Contents

How to read

솥밥보다 맛있는
후라이팬밥 읽는 법

솥밥보다 맛있는 후라이팬밥 읽는 방법을 알려드릴게요.

요리 제목이에요.
맨 뒤 인덱스를
보시면 요리를 쉽게
찾을 수 있어요.

레몬 가리비 후라이팬밥

후라이팬밥을 소개하는
김희종 선생님의 재미있는
일화를 담았어요.
요리하기 전에 읽어보세요

후라이팬밥은 2-3인
기준입니다. 주재료와
부재료, 양념 등을
분류해서 정리했어요.
보기 쉽게 용도에 따라
재료를 나누었습니다.

다진 양파는 후라이팬밥에서
빠질 수 없는 재료예요.
보통 2Ts 들어가는데 1/8개
분량이라고 생각하면 됩니다.

요리를 쉽게 따라
할 수 있도록
사진을 넣었어요.
굽기 상태나 익은
정도를 사진으로
참고해주세요.

레시피는 조리 순서에 따라
정리했어요. 크게 재료
준비하기 ···▶ 재료 굽기/볶기
···▶ 후라이팬밥 하기 순으로
그룹을 나누어 소개했어요.

레시피를 따라 할 때
주의할 점, 보관법에 대한
내용을 알려드려요.

006

이 책에 사용한 육수

이 책에 나오는 모든 육수는 시판용 채소 육수를 사용했습니다. 채소 육수의 경우 물 500ml에 한 포를 희석했고 치킨스톡은 물에 추가해 넣었습니다. 대부분의 요리에는 채소 육수를 사용하고 간을 강하게 하고 싶을 때는 치킨스톡 액상형을 사용했습니다. 하지만 집에 고체형 스톡이 있다면 물에 풀어 사용해도 됩니다. 물에 간장을 넣어 밥을 할 경우 후라이팬 바닥이 타기 때문에 반드시 희석한 육수를 사용할 것을 권합니다. 집에서 직접 육수를 만들 경우 물에 말린 표고버섯과 다시마, 무말랭이를 넣고 끓인 후 소금과 국간장으로 간을 하면 됩니다. 이때 간장을 너무 많이 넣으면 안 되니 유의하시기 바랍니다.

이 책에 사용한 시즈닝

후라이팬밥은 채소는 물론이고 해산물, 고기 등 어떤 재료를 사용해도 좋습니다. 다만 후라이팬밥은 대부분의 재료를 팬에 한번 볶는 과정을 거치는데 재료를 팬에 볶은 후 그 팬에 바로 쌀을 볶으면 재료의 맛이 그대로 쌀알에 스며들어 더욱 맛있기 때문입니다. 볶지 않는 재료일 경우 양념을 해서 바로 쌀에 올려 밥을 하기에 요리 방법도 아주 간단하면서 맛은 배가됩니다. 특히 재료의 맛을 더욱 풍부하게 하고자 시즈닝을 다양하게 사용했습니다. 기본적으로 파프리카 파우더를 비롯해 해산물에는 주로 케이준 스파이스, 이국적인 맛을 내고 싶을 때는 쿠민 파우더와 칠리 파우더, 매운맛을 추가할 때는 카엔페퍼 파우더, 김치 시즈닝 등 다양한 시즈닝을 재료와 어우러지게 활용하면 좋습니다.

Prologue

저의 첫 요리책인 〈모두의 솥밥〉을 출간한 지 1년여 만에 솥밥보다 쉬운 후라이팬밥을 출간하게 되었습니다. 먼저 저의 요리책을 선택해주신 독자분들께 진심으로 감사드립니다. 이 책에 수록된 40개의 후라이팬밥을 하나씩 따라 해보시면 왜 제가 솥밥보다 쉬운 후라이팬밥이라고 하는지 알 수 있을 겁니다. 하지만 레시피를 간편하게 만들기 위해 정말 많은 테스트와 실패가 있었습니다.

가끔 후라이팬밥 요리 수업을 할 때면 정말 간단하고 쉽다고 생각했는데 수십 개의 레시피를 위해 여러 가지를 만들다 보니 어떤 메뉴는 간단한 데도 불구하고 맛이 제대로 나오지 않아 고생했습니다. 고생하고 실패한 메뉴 중 대부분은 양념에 관한 것이었습니다. 육수를 넣지 않고 양념을 얹어 후라이팬밥을 할 경우 특히 그랬는데 그 양념 중에서도 간장을 넣었을 때 팬 바닥이 타서 도저히 먹을 수가 없었습니다. 그래서 후라이팬밥에는 육수 외 재료에 간장 양념을 웬만하면 사용하지 않았고 사용할 경우에도 소량만 넣어 후라이팬이 타지 않는지 테스트했고 간장을 대체할 만한 다른 양념 혹은 시즈닝으로 맛을 낼 수 있도록 했습니다.

또 후라이팬은 재질에 따라 양념을 넣었을 때 각각 반응이 달랐습니다. 스테인리스 팬 같은 경우 워낙 수분이 빨리 증발하다 보니 간장이 소량이라도 들어가면 타기 때문에 스테인리스 소재 중에서도 바닥이 두꺼운 팬을 사용했습니다. 이건 생크림이 들어갈 때도 마찬가지입니다. 그래서 레시피 대부분 중약불에서 조리하는데 생크림이 들어간 후라이팬밥은 약한 불로 조리했습니다. 그렇지 않으면 생크림이 너무 빨리 졸아들어 바닥이 타기도 했습니다.

집에 누구나 가지고 있는 조리 도구인 친숙한 후라이팬으로 쉽고 빠르게 밥을 할 수 있다면 요리에 익숙하지 않은 분들도 후라이팬밥 요리를 맛있고 근사하게 만들 수 있을 것입니다. 후라이팬의 특성상 요리 과정에서 볶고 끓이고 찌는 방법을 모두 활용하기에 거기에 맞는 소스와 재료들을 사용했습니다. 웬만하면 팬 하나로 처음부터 끝까지 요리할 수 있게 레시피를 구성했습니다. 후라이팬에 채소와 쌀을 볶다 같은 팬에 고기나 다른 재료들을 함께 넣어 찌고 끓이는 과정을 거치다 보니 그 맛은 배가되는 듯합니다. 후라이팬밥은 솥밥과 다르게 원 플레이트 요리이기 때문에 육수와 시즈닝, 소스를 넣어 밥을 한 뒤 다른 양념 없이 바로 드실 수 있습니다.

제가 처음 후라이팬밥을 시작하게 된 이유는 워낙 생선과 해산물, 채소를 좋아하다 보니 넓은 면적에 더 다양한 재료를 예쁘게 펼쳐 보이고 싶어서 여러 가지 식재료를 사용했는데 맛이 훨씬 풍부하고 좋았습니다. 반면 넓은 면적을 재료로 채우다 보니 어떤 크기로 재료를 썰어 올릴 것인가에 대한 고민도 많이 했습니다. 밥이 다 된 후 후라이팬 뚜껑을 열었을 때 내가 원하는 재료가 한눈에 보여야 하고 예쁘고 맛있게 보여야 하기 때문에 재료를 올리기 전 그리고 밥이 다 된 후 재료가 익어 쌀에 스며들었을 때의 이미지도 고려해야 했습니다. 그렇게 만들어진 후라이팬밥은 가족들과 혹은 친구들과 둘러앉아 살짝 누른 누룽지까지 박박 긁어 먹는데 그 맛이 한번 먹으면 잊을 수가 없습니다.

재료만 준비된다면 15분 안에 불 조절 없이 만들어 먹을 수 있기 때문에 바쁜 시간에 반찬 걱정 없이 든든하게 먹고 싶을 때 생각나는 좋은 메뉴들로 만들어봤습니다. 이 책을 통해 후라이팬밥이 누구나 편하게 요리할 수 있는 친숙한 레시피가 되기를 바랍니다.

Intro

후라이팬밥을 시작하며

이 책에서는 주로 **지름 24cm와 26cm의 후라이팬**을 대부분 사용했습니다. 더 큰 사이즈는 수분이 쉽게 증발해 바닥이 탈 수 있어서 육수나 물의 양을 더 늘릴 필요가 있습니다. 또 너무 넓은 후라이팬은 가정용 화구로는 조리하기 힘들어 추천하지 않습니다. 반드시 **후라이팬용 뚜껑**이 필요하고요. 만약 없다면 사이즈가 맞는 냄비 뚜껑으로 대신해도 됩니다. 재료를 많이 올리다 보니 **어느 정도 깊이감이 있는 후라이팬을 추천**합니다. 처음 후라이팬밥을 요리하는 분들은 바닥이 타는 걸 방지하기 위해 **코팅 팬**이나 **코팅이 되어 있는 무쇠 팬을 추천**합니다.

후라이팬밥 기본 조리 방법

조리 시간을 단축하기도 하지만 재료의 맛이나 양념이 잘 배어들게 하기 위해 **쌀은 반드시 불립니다**. 주로 흰쌀을 사용하는데 후라이팬이라는 조리 도구 특성상 흰쌀이 아닌 경우 아무리 불렸다고 해도 조리 시간이 오래 걸립니다. 후라이팬 바닥이 타거나 심하게 눌어붙지 않게 하려고 대부분 기름을 두른 팬에 다진 양파 등 채소를 먼저 볶은 후 쌀을 넣고 볶아 채소의 수분이 나올 수 있도록 합니다. 후라이팬 면을 전부 감쌀 만큼의 화구가 가정에 없다 보니 **쌀을 고루 익히기 위해서는 이러한 볶는 과정**이 들어가야 하는 이유도 있습니다. 또 그 위에 양념을 하거나 볶은 재료를 얹어 밥을 하기 때문에 재료의 맛이 쌀알에 스며들기에는 뚜껑을 덮어 찌는 조리 방법이 맛을 결정지을 만큼 중요한 역할을 합니다. 그래서 그냥 재료만 넣어 볶는 볶음밥과는 맛 자체가 다르다는 말씀을 꼭 드리고 싶습니다.

후라이팬 기본 사용 방법

어떤 재질의 후라이팬이라도 **충분히 가열한 후 사용**해야 재료가 달라붙지 않습니다. 조리가 끝난 후에는 후라이팬이 충분히 식으면 **부드러운 스펀지로 세척**하세요. 음식 찌꺼기가 눌어붙었을 경우 전용 세척 클리너를 넣고 물을 부어 한번 끓이면 말끔하게 지워지니 **철 수세미로 박박 문지르는 것은 절대 금물**입니다.

후라이팬밥과 파에야, 솥밥의 차이점은 과연 무엇일까요?

후라이팬밥

불린 쌀을 볶고 다양한 재료를 올린 후 육수를 부어 간을 따로 하지 않고 먹는 <u>원 플레이트 요리</u>를 말합니다. <u>시간을 단축</u>하고 <u>쌀알에 재료의 맛이 스며들게</u> 하기 위해 반드시 쌀을 불려야 하고 양념장을 올리지 않기 때문에 밥을 하기 전 <u>육수나 재료의 양념으로 간</u>을 맞춰야 합니다. 후라이팬에 재료를 볶은 후 같은 팬에 그대로 밥을 하기에 쌀에 재료의 맛이 더 잘 배어들어 <u>고소함과 풍미가 살아난다는 장점</u>이 있습니다.

파에야

스튜에 생쌀을 넣어 익히는 요리라 할 수 있습니다.
파에야를 만들 때 빠지지 않고 들어가는 스페인식
양념인 소프리토를 생쌀과 함께 팬에 넣고 육수를 몇 번에 나누어
넣으면서 농도를 조절하는 게 정석이다 보니 팬에 열이 고루 퍼지게 하기 위해 **큰
화구가 필요**합니다. 따라서 집에서 만든 것과 업장에서 먹는 맛에 큰 차이가 있습니다.
단시간에 조리하기가 힘들어 시간의 제약을 받는 반면 쌀알 하나하나에 육수가
스며들어 **재료보다 오히려 밥이 더 맛있다는 장점**이 있습니다.

솥밥

불린 쌀을 특별한 육수 없이 원하는 재료를
얹어 밥을 한 뒤 재료에 맞는 양념장을
만들어 비벼 먹거나 재료에 약간의 간을 해
반찬과 함께 먹기 좋은 밥입니다. 솥밥은
말 그대로 솥에 만들어 먹는 밥이기 때문에
재료나 육수, 양념장보다는 지금 막 지은
하얀 쌀밥이 생각날 때 주로 많이 만들어
먹습니다. **제철 식재료를 그대로 얹어 재료
본연의 맛**을 즐기기에 더욱 좋습니다.

후라이팬의 종류

코팅 팬

코팅이 되어 음식이 <u>잘 눌어붙지 않아 사용하기 편리</u>합니다. 반면에 코팅이 벗겨지면 유해 성분이 나올 수 있으니 <u>주기적으로 팬을 교체</u>해야 합니다. 전 세계적으로 유명한 엑스칼리버 후라이팬은 브랜드 이름이 아닌 코팅법의 명칭입니다. 흔히 업장에서 많이 사용하는데 무엇보다 엑스칼리버 후라이팬이 매력적인 이유는 사실 가격대입니다. 1만~3만원대로 단단하고 가벼우며 사용하기 편리한 반면 코팅이 자주 벗겨져 업장에서는 특히 더 자주 팬을 교체해야 합니다. 가격대는 조금 높지만 친환경 소재로 만든 코팅 팬으로 유명한 브랜드로는 독일의 볼(WOLL), 덴마크의 스칸팬, 일본의 암바이 등이 있습니다.

스테인리스 팬

위생적이고 반영구적으로 사용할 수 있습니다. 하지만 처음에 **길들이기가 까다로우며** 반드시 **예열한 후 사용**해야 합니다. 식초와 베이킹 소다를 넣고 끓인 다음 올리브유 등으로 닦는 세척 과정을 거쳐야 하고 무엇보다 불 조절을 잘해야만 팬 위에서 온전한 재료를 보실 수 있습니다. 처음엔 강불로 팬을 달군 뒤 재료를 넣기 전 다시 불을 줄여 섬세하게 불 조절을 하는 게 가장 중요합니다. 스테인리스 팬은 수분이 빨리 증발해 면이 불어나지 않고 식감이 좋아 파스타를 만들기에 가장 적합한 후라이팬입니다.

무쇠 팬

열 전도율이 좋아 **열이 고르게 퍼져 음식이 쉽게 식지 않는 반면 너무 무겁고 시즈닝 작업을 반드시 거쳐야 하며** 세척 후 물기를 제거한 뒤 보관해야 오래 사용할 수 있습니다. 시즈닝 작업만 잘한다면 스테이크를 레스토랑보다 더 맛있게 집에서 만들어 먹을 수 있지만 이 시즈닝 작업이란 게 말이 쉽지 인내와 연기(시즈닝할 때 기름에 의해 팬이 타면서 나오는 연기)를 참고 견디기 쉽지 않아 대부분 완벽한 시즈닝을 하지 못하는 것이 사실입니다. 하지만 무쇠 팬 중에서도 에나멜 코팅이 되어 나온 유명 브랜드인 스타우브, 르크루제, 무쎄 등의 제품을 사용한다면 시즈닝 없이 무쇠 팬을 편하게 사용할 수 있습니다.

1

2~3인 기준

술안주
후라이팬밥

술안주로 밥이 잘 어울리는 건 솥밥을 만들어 먹으며 알게 되었습니다.
솥밥은 양념이나 간이 세지 않아 주로 와인 안주로 먹는다면,
후라이팬밥은 주재료의 사용 폭이 넓고 밥 양이 많지 않아
맥주, 와인, 소주, 고량주 등 도수가 높은 술과 잘 어울립니다.
다양한 술에 매칭해보세요. 후라이팬밥을 만드는 재미가 쏠쏠할 거예요.

해산물 후라이팬밥

이 메뉴에서 빠질 수 없는 재료는 바지락이에요. 육수를 따로 준비하지 않아도 되고 훨씬 깊은 맛을 내기 때문에 바지락은 반드시 넣어주셔야 합니다. 새우는 머리까지 통째로 사용해 내장이 쌀알에 고소하게 스며들 수 있도록 준비하면 됩니다. 술안주로 특히나 좋아 요리 수업에서도 여러 번 소개했고 지인들과도 자주 만들어 먹는 요리인데요. 와인 안주로도 여럿이 둘러앉아 먹기 좋은 후라이팬밥이랍니다. 함께 페어링한 내추럴 와인은 '펫낫 콤보이 블랑코'입니다. 펫낫이 주로 해산물과 잘 어울리는데 강하지 않은 버블감이 후라이팬밥과 먹기에도 좋아요.

Ingredients

주재료 쌀 200g, 바지락 100g, 새우 5마리, 흰 살 생선 80g, 오징어 70g, 베이컨 3줄, 다진 양파 3Ts
부재료 올리브 10알, 케이퍼베리 5개, 레몬 1조각, 애플민트 약간
육수 재료 물 100ml, 토마토홀 200ml
양념 소금, 후춧가루

Recipe

재료 준비하기

1. 쌀은 30분 이상 불려 물기를 빼둡니다.
2. 바지락은 해감하고 새우는 껍질을 제거합니다.
3. 흰 살 생선은 소금, 후춧가루를 뿌려 1시간 이상 마리네이드합니다.
4. 오징어는 링 형태로 썰어둡니다.
5. 베이컨은 먹기 좋게 썰어둡니다.

재료 볶기

6. 마른 팬에 베이컨을 볶다가 다진 양파와 불린 쌀을 넣어 볶습니다.

후라이팬밥 하기

7. 물과 토마토홀을 넣고 준비한 해산물과 올리브, 케이퍼베리를 올립니다.
8. 뚜껑을 덮고 중약불에서 12분간 밥을 합니다.
9. 밥이 다 되면 레몬즙과 애플민트를 곁들여 먹습니다.

> **Tip** 새우 껍질을 제거하는 이유는 먹기 편해서인데 껍질은 모아 냉동실에 보관해두었다 비스크 소스를 만들 때 활용하면 좋아요.

> **Tip** 바지락은 물 1L 기준으로 굵은소금 1Ts을 녹인 물에 담가 검은 비닐봉지를 씌우고 냉장고에서 5시간 정도 해감한 뒤 깨끗이 씻어 사용합니다.

> **Tip** 후라이팬에 맞는 뚜껑이 없다면 종이 포일을 활용해보세요.

> **Tip** 해산물에는 청량한 향의 애플민트가 잘 어울려요.

머스터드 허브 크림 닭고기 후라이팬밥

Ingredients

주재료 닭 다릿살 300g, 양파 100g, 즉석밥 1개
부재료 마늘 5쪽, 스피아민트 5g, 레몬 ½개
육수 재료 생크림 150ml, 디종 머스터드 2Ts, 물 50ml
양념 청주 1Ts, 백후춧가루, 식용유

Recipe

재료 준비하기

1. 닭 다릿살은 먹기 좋게 썰어 청주, 백후춧가루에 1시간 이상 마리네이드합니다.
2. 양파는 슬라이스하고 마늘은 편으로 썰어둡니다.
3. 생크림에 디종 머스터드를 풀고 백후춧가루를 약간 뿌립니다.

   Tip 생크림과 디종 머스터드를 섞으면 새콤한 맛이 더해져 느끼함이 보완됩니다.

4. 스피아민트는 잘게 다지고 레몬은 슬라이스합니다.

   Tip 스피아민트가 없다면 향이 강한 이탈리안 파슬리를 추천합니다.

재료 굽기

5. 팬은 달군 뒤 식용유를 두르고 닭 다릿살의 겉면이 노릇해질 때까지 구워줍니다.
6. 닭 다릿살을 구운 팬에 양파, 마늘, 레몬을 구워줍니다.

후라이팬밥 하기

7. 즉석밥을 후라이팬에 잘 펴주고 물과 디종 머스터드 풀어놓은 생크림을 넣습니다.
8. 스피아민트를 제외한 모든 재료를 넣고 뚜껑을 덮어 약한 불에서 3분간 조리합니다.
9. 밥이 다 되면 스피아민트를 뿌려 먹습니다.

닭 다릿살에 크림이 들어가 느끼할 수 있는 맛을 레몬과 머스터드로 새콤하게 중화해 만들었어요. 즉석밥을 사용한 이유는 크림과 머스터드가 만나 팬이 금세 타는 걸 방지하기 위해 조리 시간을 단축하는 것도 있고 고기를 한번 더 굽는 기존의 과정을 단순화하려는 것도 있어요. 이 후라이팬밥은 술안주로 먹기 좋은 메뉴이며 그중에서도 특히 맥주와 잘 어울려요.

토마토 올리브 후라이팬밥

토마토와 올리브를 이용한 솥밥은 요리 수업에서도 여러 번 소개한 메뉴예요. 그냥 먹어도 맛있고 술안주로도 좋지만 좀 더 와인 안주로 어울렸으면 하는 마음에 블루치즈를 올려 밥을 하니 고소한 풍미와 토마토의 새콤함이 만나 밸런스가 아주 좋은 또 다른 후라이팬밥이 되었습니다.
어떤 올리브를 사용해도 상관없지만 체리뇰라 올리브를 선택한 이유는 열을 가했을 때 풍미가 더 살아나는 특징이 있고 워낙 부피감이 있어 큰 후라이팬에 올려 먹기에 볼륨감이 좋기 때문입니다.

Ingredients

주재료 쌀 200g, 완숙 토마토 4개, 체리뇰라 올리브 8알, 블랙 올리브 6알
부재료 블루치즈 60g, 타임 3줄, 레몬 ½개
육수 재료 물 220ml
양념 올리브유

(Tip) 저는 스페인 퀘스크렘사에서 나온 블루치즈 크림치즈를 사용했어요. 일반 블루치즈에 비해 쿰쿰한 향이 덜하고 크림치즈의 부드러움이 더해져 후라이팬밥에 잘 어울립니다.

(Tip) 육수 말고 물을 넣는 이유는 토마토의 향을 살리기 위해서입니다.

Recipe

재료 준비하기

1. 쌀은 30분 이상 불려 물기를 빼둡니다.
2. 토마토는 위아래를 조금씩 잘라냅니다.

(Tip) 겉이 단단하고 일반 올리브에 비해 열매가 두 배 이상 큰 품종으로 신맛이 적어 누구나 즐겨 먹을 수 있습니다.

재료 볶기

3. 올리브유를 두른 팬에 쌀을 볶다가 물을 넣습니다.

후라이팬밥 하기

4. 불린 쌀에 올리브, 블루치즈, 타임을 올립니다.

5. 뚜껑을 덮고 중약불에서 12분간 밥을 합니다.

6. 밥이 다 되면 토마토 껍질을 벗기고 레몬즙을 뿌린 후 토마토를 으깨어 잘 섞어 먹습니다.

(Tip) 완숙 토마토를 구하지 못했다면 실온에 며칠 두어 익혀 사용하세요. 잘 익은 방울토마토를 사용하면 껍질이 연해 그냥 섞어 먹어도 좋아요.

문어 베이컨 후라이팬밥

문어를 주재료로 솥밥을 할 때는 문어 향을 살리기 위해 약간의 간장 외에는 특별한 양념도, 육수도, 재료도 사용하지 않아요. 하지만 후라이팬밥은 특성상 볶기도 하고 간도 어느 정도 되어야 맛있기 때문에 볶을 때 간을 하고 베이컨을 듬뿍 넣었습니다. 좀 더 진한 맛을 원한다면 베이컨 대신 초리조를 사용하고 물 대신 바지락 육수를 넣는 것을 추천합니다.

Ingredients

주재료 쌀 200g, 베이컨 5줄, 자숙문어 다리 180g
부재료 방울양배추 5개, 표고버섯 2개
육수 재료 물 220ml
양념 식용유, 소금, 후춧가루

Recipe

재료 준비하기

1. 쌀은 30분 이상 불려 물기를 빼둡니다.

2. 베이컨은 잘게 썰고 자숙문어 다리는 3cm 정도로 먹기 좋게 썰어둡니다.

3. 방울양배추는 반으로 썰고 표고버섯은 얇게 썰어둡니다.

 작은 사이즈의 문어는 통으로 올려 밥을 하면 더 푸짐하게 드실 수 있습니다.

 방울양배추는 볶았을 때 단맛이 올라오기 때문에 살짝 볶아주면 좋습니다.

재료 볶기

4. 식용유를 두른 팬에 베이컨을 넣고 약한 불에서 볶다 방울양배추와 표고버섯을 넣고 소금, 후춧가루를 뿌려 볶습니다.

5. 불린 쌀을 넣고 함께 볶습니다.

후라이팬밥 하기

6. 썰어둔 문어를 올리고 물을 붓습니다.

7. 중약불에서 12분간 밥을 합니다.

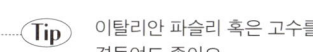 이탈리안 파슬리 혹은 고수를 곁들여도 좋아요.

새우 비스크 소스 후라이팬밥

개인적인 취향인데 로제 소스 맛을 별로 좋아하지 않아 로제라는 단어가 붙은 메뉴는 먹어본 지 20년도 더 된 것 같습니다. 로제떡볶이가 그렇게 유행할 때도 먹은 적이 없어요. 여러 가지 테스트를 하던 중 비스크 소스에 생크림을 넣어 밥을 하니 로제 소스 맛이 나서 한편으론 수십 년간 지켜왔던 이상한 고집이 부끄럽기도 하고 다른 한편으론 저만의 요리 세계에서 틀을 깨고 새로운 시도를 했다는 것에 뿌듯한 메뉴이기도 합니다. 그리고 이 책에 나오는 모든 후라이팬밥 중에서 세 손가락 안에 들 정도로 정말 맛있습니다. 정통 비스크 소스는 아니지만 집에서 빨리 간편하게 만들 수 있으니 이제 누구나 비스크 소스를 듬뿍 만들어 후라이팬밥도 요리해 먹고 파스타로도 즐겨 드시면 좋겠습니다.

Ingredients

주재료 쌀 200g, 흰 살 생선 100g
부재료 버터 30g, 카레가루 1Ts
비스크 소스 재료 새우 8마리, 셀러리 1대, 당근 50g, 양파 50g, 건새우 3Ts, 물 300ml
육수 재료 비스크 소스 220ml, 생크림 3Ts, 토마토소스 5Ts
양념 케이준 시즈닝, 레몬 제스트, 식용유, 소금

Recipe

재료 준비하기

1. 쌀은 30분 이상 불려 물기를 빼둡니다.
2. 흰 살 생선은 큼직하게 썰어 케이준 시즈닝 ½Ts을 뿌린 뒤 마리네이드합니다.
3. 셀러리, 당근, 양파는 잘게 썰어둡니다.
4. 새우는 껍질을 벗겨 머리와 살을 분리한 뒤 새우살은 3~4등분합니다.

비스크 소스 만들기

5. 팬에 버터를 두르고 새우 머리와 소금을 살짝 넣어 수분이 날아갈 때까지 볶습니다.
6. 썰어둔 셀러리, 당근, 양파, 건새우를 넣고 볶다 물을 부어 15분간 끓인 후 체에 걸러 비스크 소스를 완성합니다.

재료 볶기

7. 식용유를 두른 팬에 불린 쌀을 볶다 카레가루를 넣고 볶아줍니다.
8. 새우살을 넣어 볶습니다.

> **Tip** 카레가루를 넣는 이유는 쌀을 볶는 과정에서 향이 좋아지기 때문입니다. 카레를 만들 때도 재료를 볶으면서 카레가루를 넣으면 풍미가 더욱 좋아집니다.

후라이팬밥 하기

9. 비스크 소스와 생크림, 토마토소스를 넣고 흰 살 생선을 올린 뒤 약한 불에서 12분간 밥을 합니다.
10. 밥이 다 되면 취향에 따라 케이준 시즈닝과 레몬 제스트를 뿌려 먹습니다.

버섯 들깨
후라이팬밥

제목부터 왠지 건강한 느낌이 들어 술안주로 적당한 이유를 잘 모르겠다 하는 분들은 이 레시피대로 만들어 가벼운 주류를 곁들이면 참 부드럽게 잘 넘어간다고 생각할 것입니다. 요리는 양념 하나만으로도 너무나 다른 맛을 낼 때가 있어요. 제가 버섯을 워낙 좋아해 여러 가지 요리로 만들어보는데 버섯은 천의 얼굴을 가진 매력적인 식재료라 화려한 풍미의 양념이나 재료를 조금만 가미해도 그 맛이 더욱 풍성해집니다.

Ingredients

주재료 쌀 200g, 생표고버섯 2개, 양송이버섯 3개, 황금팽이버섯 50g
부재료 버터 30g, 들깻가루 1Ts, 그라나파다노 치즈 20g, 타임 약간
육수 재료 버섯 육수 220ml(물 300ml, 건표고버섯 3개)

Recipe

재료 준비하기

1. 쌀은 30분 이상 불려 물기를 빼둡니다.
2. 찬물에 건표고버섯을 1시간 정도 담가 버섯 육수를 냅니다.
3. 생표고버섯과 양송이버섯은 얇게 썰고 황금팽이버섯은 손으로 찢어둡니다.

(Tip) 버섯은 물에 넣어 끓이지 않고 찬물에 1시간 정도 담가두면 더욱 깔끔하고 담백한 맛의 버섯 육수를 낼 수 있습니다.

재료 볶기

4. 버터를 두른 팬에 손질한 생표고버섯과 양송이버섯, 쌀을 볶다가 버섯 육수를 넣습니다.
5. 들깻가루를 넣어 잘 섞어줍니다.

후라이팬밥 하기

6. 황금팽이버섯을 올리고 그라나파다노 치즈를 듬뿍 갈아 올리고 타임을 올립니다.
7. 뚜껑을 덮고 중약불에서 12분간 밥을 합니다.

(Tip) 들깻가루에는 두 종류가 있어요. 통으로 갈아놓은 들깻가루는 향이 고소한 반면 색이 진하고, 껍질을 벗긴 거피 들깻가루는 부드럽고 무난하지요. 여러 요리에 다양하게 사용하려면 거피 들깻가루를 사용하는 게 좋습니다.

2

2~3인 기준

간편
후라이팬밥

제가 지금까지 했던 요리 스타일이 제철 식재료를 활용한 건강식 메뉴들이다 보니 시판 재료를 활용한
간단 메뉴를 개발하는 게 정말 어려웠어요. 하지만 후라이팬밥 책 작업을 하며 최대한 간단하면서도
맛과 영양을 모두 챙기는 메뉴를 만들면서 시판 제품을 다양하게 써보았습니다. 그 과정에서 요즘은
간편하면서 맛도 있고 영양 성분을 고려한 제품들이 많이 나와 있다는 것을 알게 되었어요.
후라이팬밥을 처음 만들어보는 분들이라면 파트 2에서 소개하는 간편 후라이팬밥을 먼저 도전해보신 후
다음 파트로 넘어가면 후라이팬밥의 매력에 금세 빠져들 거예요.

소시지 후라이팬밥

간이 센 음식을 먹으면 소화가 잘 안 되어 평소에 소시지를 잘 먹지 않는 편이에요. 하지만 가끔 손님들이 찾아와 요리하고 남은 소시지가 생기는데 냉장고에 먹다 남은 소시지를 활용하기에 아주 좋은 간편한 후라이팬밥입니다. 이 레시피에는 따로 소개하지 않았지만 곱게 칼집 낸 소시지를 구워 올려 먹어도 좋을 듯합니다.

Ingredients

주재료 소시지 120g, 즉석밥 1개
부재료 셀러리 1대, 삶은 옥수수 1개
육수 재료 채소 육수 50ml
양념 카엔페퍼, 파프리카 파우더

Tip 제가 즐겨 쓰는 잔슨빌 폴리쉬 소시지예요. 탱글한 식감과 꽉 찬 육즙이 가벼운 후라이팬밥에 묵직한 풍미를 더해줍니다.

Recipe

재료 준비하기

1. 소시지와 셀러리는 얇게 썰어둡니다.

2. 옥수수는 칼로 대에서 분리해 먹기 좋게 썹니다.

후라이팬밥 하기

3. 팬에 즉석밥을 넓게 펼쳐줍니다.

4. 준비한 재료를 즉석밥 위에 올려줍니다.

5. 가장자리부터 채소 육수를 부어줍니다.

6. 약한 불에서 5분간 조리합니다.

7. 밥이 다 되면 카엔페퍼와 파프리카 파우더를 뿌려 마무리합니다.

미트볼 후라이팬밥

보통 미트볼은 반찬으로 먹는 경우가 많은데 이렇게 밥과 치즈를 더하면 좀 더 볼륨감이 넘치는 메뉴로 활용할 수 있어요. 미트볼 후라이팬밥을 만들기 위해 다양한 브랜드의 미트볼을 먹어봤어요. 그런데 어떤 제품은 소스가 없어 뻑뻑하고 또 어떤 제품은 미트볼이 너무 작고 또 다른 제품은 미트볼이 커서 조리 시간이 길어지다 보니 팬이 타기도 하고 그랬습니다. 후라이팬밥에 사용하기 적당한 제품을 알려드리니 참고해주세요. 좀 더 매콤하게 먹고 싶다면 밥이 다 된 후에 카옌페퍼를 뿌려 먹으면 좋습니다.

Tip CJ에서 나온 고메토마토미트볼은 갈지 않고 굵게 썬 고기를 직화로 빠르게 구워 육즙을 가둔 미트볼이에요. 식감이 남다르고 토마토소스가 넉넉해서 후라이팬밥으로 활용하기 좋은 제품이에요.

Ingredients

주재료 즉석밥 1개, 시판용 미트볼 150g x 2봉
부재료 양송이버섯 2개, 토마토소스 2Ts, 모차렐라 치즈 70g
육수 재료 채소 육수 50ml

Recipe

재료 준비하기

1. 양송이버섯은 얇게 썰어둡니다.

후라이팬밥 하기

2. 팬에 즉석밥을 넓게 펼쳐줍니다.

3. 미트볼을 올려 소스까지 꼼꼼하게 밥 위에 뿌립니다.

4. 토마토소스를 넣고 양송이버섯과 모차렐라 치즈를 올려줍니다.

5. 채소 육수를 붓고 약한 불에서 5분간 조리합니다.

참치 감태
후라이팬밥

간단한 즉석밥이지만 다양한 재료를 더해 좀 더 스페셜한 메뉴로 만들었습니다. 특히나 아이들과 함께 먹기 좋은 재료를 사용했어요. 참치를 메인 식재료로 요리할 때 샐러드나 김치찌개 말고는 생각나는 게 별로 없어 고민스러웠는데 건강한 재료를 함께 넣으니 참치 특유의 비린 향도 잡아주면서 더욱 맛있습니다. 즉석밥인데 8분이나 조리하는 이유는 달걀이 익는 시간 때문입니다. 혹시 시간을 더 단축하고 싶다면 달걀을 빼고 5분간 조리하면 됩니다.

Ingredients

주재료 시판용 감태영양밥 1개, 참치 1캔
부재료 홍고추 1개, 올리브 10알, 케이퍼 2Ts, 시금치 30g, 달걀 1개
육수 재료 물 50ml
양념 파프리카 파우더

Tip
잎이 연한 베이비 시금치를 사용했어요. 일반 시금치는 먹기 좋게 잘라 사용하세요.

Tip
참치에 간이 되어 육수가 아닌 물을 사용했습니다. 저염 참치를 사용할 경우에는 육수를 사용해주세요.

Recipe

재료 준비하기

1. 즉석밥은 전날 냉장고에서 미리 해동합니다.

2. 참치는 기름을 빼둡니다.

3. 홍고추는 다지고 올리브는 잘게 썰어둡니다.

후라이팬밥 하기

4. 팬에 즉석밥을 넓게 펼친 후 물을 부어줍니다.

5. 참치를 밥 위에 올립니다.

6. 썰어둔 홍고추, 올리브, 케이퍼를 올립니다.

7. 시금치를 올리고 맨 마지막에 달걀을 올려 뚜껑을 덮습니다.

8. 약한 불에서 8분간(달걀 반숙 시간) 조리합니다.

9. 파프리카 파우더를 뿌린 뒤 잘 섞어 먹습니다.

Tip 생감태와 밤, 은행, 버섯 등 몸에 좋은 식재료를 듬뿍 넣어 만든 즉석밥이에요. 냉동 유통 제품이라 꼭 해동해서 사용하세요.

옥수수 후라이팬밥

캔 옥수수를 이용해 간단히 만들어 먹는 달콤한 후라이팬밥으로 여름엔 초당옥수수를 이용해 만들면 좋습니다. 아마 열 배쯤 더 맛있을 거예요. 파인애플을 버터에 구워 올리면 동남아에서 파는 파인애플밥 맛이 나는데 짭짤한 남플라 소스를 곁들이니 진정 동남아시아에 여행 와서 먹는 느낌이 나 좋았습니다.

햇반
ASTURIANA
Mantequilla
TRADICIONAL
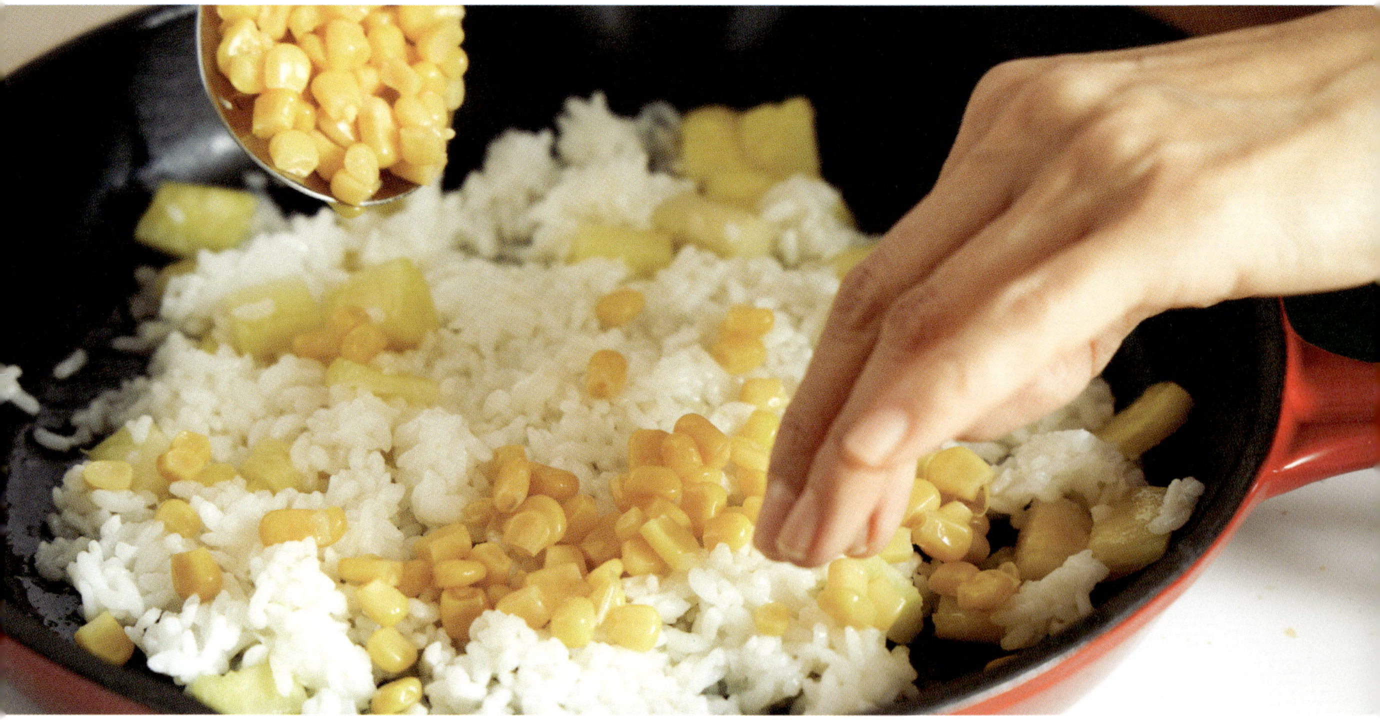

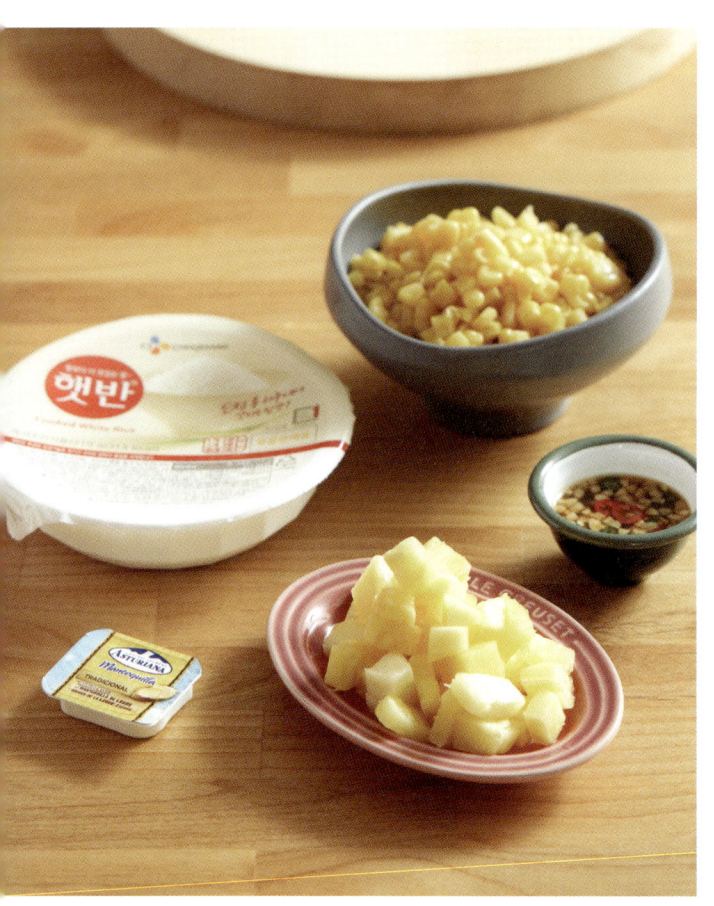

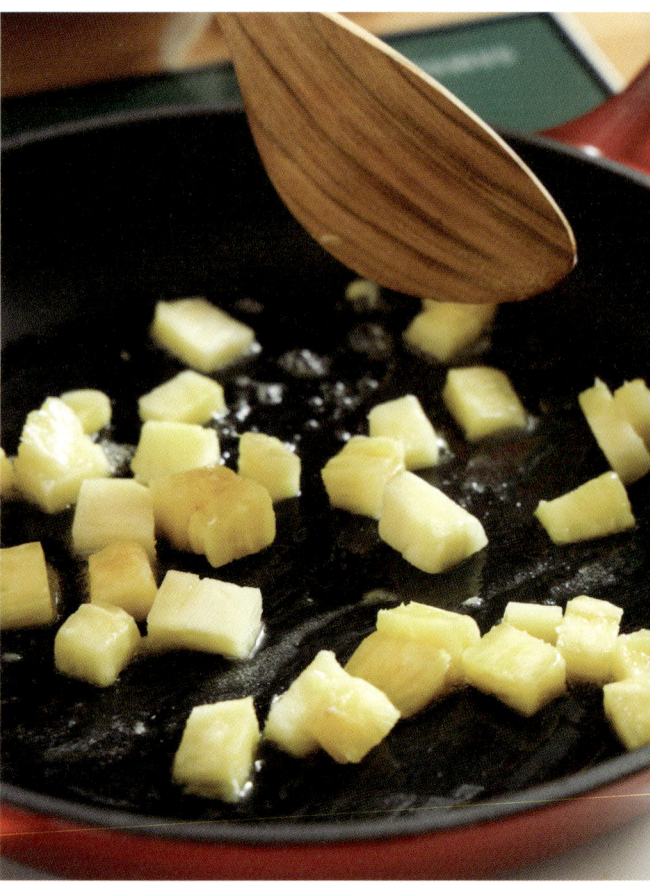

옥수수가 맛있는 여름철에는
싱싱한 초당옥수수로
만들어보세요. **Tip**

Ingredients

주재료 캔 옥수수 100g, 즉석밥 1개
부재료 캔 파인애플 50g, 쪽파 1Ts, 버터 10g
육수 재료 채소 육수 50ml
남플라 소스 재료 피시 소스 50ml, 다진 홍고추 ½개, 다진 청양고추 ½개, 물 1Ts, 레몬즙 1Ts, 팜슈거 2Ts, 다진 땅콩 ½Ts

Recipe

재료 준비하기

1. 캔 옥수수는 국물을 빼둡니다.
2. 파인애플은 잘게 썰고 쪽파는 송송 썰어둡니다.
3. 남플라 소스는 재료를 모두 섞어둡니다.

재료 굽기

4. 팬에 버터를 녹인 후 파인애플을 굽습니다.

후라이팬밥 하기

5. 파인애플을 구운 팬에 즉석밥을 넓게 펼쳐줍니다.
6. 옥수수를 올리고 채소 육수를 넣습니다.
7. 약한 불에서 5분간 조리합니다.
8. 밥이 다 되면 다진 쪽파를 뿌리고 취향에 따라 남플라 소스를 곁들여 먹습니다.

순두부
후라이팬밥

순두부뿐만 아니라 모든 찌개를 레시피만 살짝 변경해 후라이팬밥으로 만들어 먹으면 정말 맛있다는 걸 이번에 알게 되었습니다. 특히 순두부 후라이팬밥은 카테고리가 간편 후라이팬밥이지만 술안주에 넣어야 하는 것은 아닌지 고민할 만큼 술안주로도 훌륭한 메뉴입니다. 간편 후라이팬밥이라 시판용 순두부 찌개 양념을 사용했지만 식당에서 판매하는 맛과 별로 다르지 않아 시판 순두부 양념을 추천드립니다. 더 맵게 먹고 싶다면 밥을 할 때 청양고추를 송송 썰어 올리거나 일반 고춧가루 대신 청양고춧가루를 사용하면 됩니다.

Ingredients

주재료 즉석밥 1개, 순두부 300g
부재료 돼지고기 다짐육 150g, 양파 ½개, 대파 1대, 편 마늘 1쪽 분량, 달걀노른자 1개, 다진 쪽파 약간
육수 재료 물 50ml, 시판용 순두부 찌개 양념 1봉지
양념 청주 1Ts, 고춧가루 1Ts, 소금, 후춧가루

Tip 물에 담겨 있는 순두부를 사용할 경우 물기는 꼭 빼주세요.

Recipe

재료 준비하기

1. 돼지고기 다짐육은 소금, 후춧가루, 청주로 간해 30분 이상 재웁니다.
2. 양파와 대파는 잘게 썰어놓습니다.

재료 볶기

3. 팬에 식용유를 두르고 양파, 대파, 편 마늘을 볶습니다.
4. 다짐육을 넣어 볶다가 고춧가루를 넣고 향이 날 때까지 볶습니다.

후라이팬밥 하기

5. 물과 즉석밥을 넣고 순두부 찌개 양념을 부어 잘 섞어줍니다.
6. 순두부를 가운데에 소복하게 올려줍니다.
7. 약한 불에서 5분간 조리합니다.
8. 밥이 다 되면 다진 쪽파를 뿌리고 달걀노른자를 올려 비벼 먹습니다.

미역 들깨 후라이팬밥

간편 후라이팬밥에는 이렇게 건강한 레시피도 있습니다. 개인적으로 좋아하는 재료인 미역과 들깨가 들어가 더 애착이 가는 메뉴인데요. 여기서 사용한 마요네즈는 식물성 약콩 마요네즈로 유명한 '잇츠베러마요'입니다. 일반 마요네즈도 비슷한 맛은 나지만 조금 진득하고 간이 셀 수 있으니 양을 조절해 사용하면 됩니다. 오이의 유무에 따라 맛 차이가 많이 나니 가능하면 꼭 오이를 다져 넣어 함께 비벼 먹는 것을 추천합니다.

Ingredients

주재료 불린 미역 30g, 들깻가루 1Ts, 즉석밥 1개
부재료 명란 3Ts, 마요네즈 1Ts, 들기름 2Ts, 다진 오이 2Ts
육수 재료 채소 육수 50ml

(Tip) 튜브 형태의 명란을 사용하면 편해요. 일반 명란을 사용할 경우 가능하면 저염 제품을 고르시고 껍질은 제거해주세요.

Recipe

재료 준비하기

1. 불린 미역은 먹기 좋게 썰어둡니다.
2. 명란에 마요네즈와 들깻가루를 잘 섞어줍니다.

재료 볶기

3. 즉석밥에 채소 육수를 붓고 불린 미역과 들기름을 넣어 볶아줍니다.

후라이팬밥 하기

4. 약한 불에서 5분간 조리합니다.
5. 밥이 다 되면 2의 들깨명란을 올려 잘 섞어줍니다.
6. 다진 오이를 얹어 비벼 먹습니다.

완두콩 그린 커리 후라이팬밥

그린 커리를 메뉴에 넣은 건 온전히 저의 개인적인 취향입니다. 그린 커리를 워낙 좋아하다 보니 언젠가 후라이팬밥으로 한번 만들어보고 싶었어요. 요즘 마트에 가면 다양한 커리가 종류별로 나와 있어 동남아식 커리도 이제는 누구나 집에서 라면 끓이듯 쉽게 만들어 먹을 수 있습니다. 완두콩을 갈아 커리와 함께 섞은 이유는 매운맛이 중화되고 좀 더 부드러운 질감과 채소의 단맛을 느낄 수 있기 때문입니다. 제철이 아니면 냉동 완두콩을 사용하면 되는데 통조림 완두콩은 색감과 단맛이 덜하기 때문에 추천하지 않습니다.

Ingredients

주재료 시판용 그린 커리 밀키트 1팩, 완두콩 80g, 즉석밥 1개
부재료 줄기콩 7개, 다진 마늘 1ts, 팜슈거 2ts, 라임, 고수
육수 재료 뜨거운 물 300ml
양념 식용유

Tip 동봉된 라임잎은 쉽게 부서진답니다. 사용 시 주의하세요.

Tip 동남아식 설탕이에요. 만약 없으면 일반 설탕을 사용해도 됩니다.

Tip 태국의 프리미엄 식재료 브랜드 블루 엘리펀트의 그린 커리 밀키트예요. 제품 구성이 세분화되어 있어 간이나 양을 조절하기에 안성맞춤입니다. 현지의 맛을 잘 표현한 제품이라 추천드려요.

Recipe

재료 준비하기

1. 그린 커리 밀키트에 들어 있는 코코넛 밀크 파우더는 뜨거운 물에 넣어 잘 섞습니다.
2. 완두콩은 삶아 일부는 토핑용으로 두고 나머지는 블렌더에 갈아줍니다.

재료 볶기

3. 팬에 식용유를 두르고 줄기콩을 볶은 뒤 접시에 담아놓습니다.
4. 팬에 식용유를 두르고 다진 마늘과 그린 커리 페이스트를 넣어 볶습니다.
5. 그린 커리 페이스트를 볶은 팬에 코코넛 밀크와 피시 소스, 팜슈거를 넣어 끓어줍니다. 이때 라임잎을 넣어주세요.
6. 끓인 그린 커리에 블렌더로 갈아놓은 완두콩을 넣고 잘 섞어줍니다.

후라이팬밥 하기

7. 즉석밥을 넣어 고르게 섞은 후 볶은 줄기콩과 삶은 완두콩을 올려줍니다.
8. 뚜껑을 덮고 약한 불에서 3분간 조리합니다.
9. 밥이 다 되면 라임즙을 짜고 고수를 올려 먹습니다.

3

2~3인 기준

이색적
후라이팬밥

왠지 여행지에서나 먹을 법한 특색 있는 양념이나 식재료로 만들 수 있는 후라이팬밥입니다. 이 파트에서는 특히 집에서 잘 사용하지 않는 양념이나 시즈닝들이 많이 보일 거예요. 조금만 넣어도 요리에 풍미와 새로움을 더해주는 재료들이지만 어떻게 사용할지 몰라 고민하셨던 분들에게 도움이 되는 레시피입니다. 조금 어색할 수 있지만 먹다 보면 언젠가 한번쯤 먹어본 것 같은 추억의 맛이 떠오를 거예요. 소스나 페스토, 마리네이드 양념 레시피는 다른 요리에도 활용하기 좋아요.

오징어 먹물 후라이팬밥

오징어 먹물이 들어간 요리에는 대부분 오징어가 들어갑니다. 하지만 오징어 먹물을 시판용으로 따로 구매했기 때문에 오징어를 넣지 않고 비주얼도 좋고 먹기도 편한 주꾸미를 사용했습니다. 좀 더 다양한 해산물을 올리고 싶다면 새우나 홍합도 추천합니다. 시판용 오징어 먹물이 의외로 짠맛이 강하고 기름기가 있다 보니 조리할 때 소금과 오일 양을 조절하면 좋을 듯합니다.

Tip

오징어 먹물은 온·오프라인 마켓에서 쉽게 구할 수 있어요. 주로 병 제품이 많지만 한 팩씩 소분되어 있는 제품이 사용하기 편해요. 남은 오징어 먹물은 파스타에 활용해보세요.

Ingredients

주재료 쌀 200g, 오징어 먹물 2팩(8g)
부재료 주꾸미 5마리, 다진 양파 2Ts, 레몬 약간
육수 재료 채소 육수 220ml
양념 밀가루, 식용유

Recipe

재료 손질하기

1. 쌀은 30분 이상 불려 물기를 빼둡니다.
2. 주꾸미는 내장을 제거하고 밀가루를 뿌려 깨끗하게 손질합니다.

재료 볶기

3. 팬에 식용유를 두르고 다진 양파와 불린 쌀을 볶다가 오징어 먹물을 넣고 섞어줍니다.

후라이팬밥 하기

4. 채소 육수를 넣고 주꾸미를 올려줍니다.
5. 중약불에서 12분간 밥을 합니다.
6. 밥이 다 되면 레몬즙을 뿌려 먹습니다.

콩칠리 후라이팬밥

Ingredients

주재료 쌀 200g, 흰 강낭콩 20g, 병아리콩 15g,
캔 레드 키드니빈 30g
부재료 방울토마토 10개, 피망 1개, 편 마늘 3쪽 분량,
요거트 2Ts, 이탈리안 파슬리 약간
육수 재료 토마토홀 200ml, 채소 육수 150ml
칠리 가루 칠리 파우더 1Ts, 파프리카 파우더 2ts,
쿠민 파우더 1ts, 흑설탕 1ts, 소금, 후춧가루
* 맵게 먹고 싶으면 카옌페퍼 추가
양념 식용유

Recipe

재료 손질하기

1. 쌀은 30분 이상 불려 물기를 빼둡니다.
2. 흰 강낭콩, 병아리콩은 물에 4시간 이상 불린 후 끓는 소금물에 10분간 삶습니다.
3. 방울토마토는 ¼ 크기로 슬라이스합니다.
4. 피망은 엄지손톱 크기로 썰어둡니다.
5. 칠리 가루는 고루 섞어둡니다.

(Tip) 불리는 시간이 오래 걸려도 마른 콩을 사용한 이유는 콩의 식감 자체가 통조림 콩과 완전히 다르기 때문입니다.

재료 볶기

6. 팬에 식용유를 두르고 편 마늘을 볶다 불린 쌀과 피망을 넣어 함께 볶습니다.

(Tip) 고기를 좋아한다면 소고기나 돼지고기 다짐육을 넣어도 됩니다.

후라이팬밥 하기

7. 흰 강낭콩, 병아리콩, 레드 키드니빈, 방울토마토를 올려줍니다.
8. 토마토홀을 넣고 채소 육수를 부어줍니다.
9. 섞어둔 칠리 가루를 고루 올려 뚜껑을 덮고 약한 불에서 12분간 밥을 합니다.
10. 밥이 다 되면 이탈리안 파슬리와 요거트를 곁들여 드시면 됩니다.

칠리 하면 고기 들어간 것만 생각하겠지만 콩을 이용해 칠리를 만들어보았습니다. 담백하고 요리에 간편하게 넣어 먹기 좋아 넉넉히 만들어두고 후라이팬밥뿐만 아니라 파스타, 술안주 등에 다양하게 활용하고 있습니다. 통조림 콩과 함께 따로 콩을 삶아 사용한 이유는 통조림 콩은 삶은 콩에 비해 열을 가하면 바로 부서지기 때문입니다. 콩은 식감도 좋고 푸짐한 부피감도 주니 냉동실 구석에 넣어둔 콩을 꺼내 콩칠리를 만들어보세요.

중화풍 후라이팬밥

가끔 중국 요리를 주문하는데 유산슬을 먹다가 후라이팬밥으로 만들면 정말 맛있겠다 싶어 선보이게 된 메뉴입니다. 재료를 모두 구입하기엔 번거로워 시판용 냉동 해물로 대신했어요. 혹시 냉동실에 해물이 남아 있다면 사용해도 좋습니다. 새우, 오징어, 홍합살, 조개살 등도 좋고 죽순철이 되면 죽순을 넣어도 맛있습니다. 여기서 빠지면 안 되는 재료는 고추기름입니다. 고추기름이 들어가야만 맛이 제대로 나거든요.

Ingredients

주재료 쌀 200g, 냉동 해물 80g
부재료 바지락 80g, 청경채 30g
육수 재료 물 220ml, 액상 치킨스톡 1Ts, 굴 소스 1Ts, 국간장 1Ts
양념 고추기름 2Ts, 다진 파 1Ts, 다진 양파 2Ts, 편 마늘 2쪽 분량

Tip: 고추기름이 없다면 예열한 팬에 식용유를 넣고 약한 불에서 고춧가루를 볶은 뒤 체에 기름만 따라 사용하면 됩니다.

Recipe

재료 준비하기

1. 쌀은 30분 이상 불려 물기를 빼둡니다.
2. 냉동 해물은 물에 담가 해동하고, 바지락은 해감해 준비합니다.
3. 청경채는 2등분하고, 육수 재료는 미리 섞어둡니다.

재료 볶기

4. 고추기름에 다진 파, 다진 양파, 편 마늘을 볶다가 냉동 해물과 불린 쌀을 넣고 볶습니다.

후라이팬밥 하기

5. 육수를 넣고 해감한 바지락을 올려줍니다.
6. 청경채는 반만 올린 후 중약불에서 12분간 밥을 합니다.
7. 밥이 다 되면 남은 청경채를 올려 곁들여 먹습니다.

매생이 굴
후라이팬밥

찬바람이 불면 꼭 먹어야 하는 요리 중 하나가 매생이 굴국인데 그걸 후라이팬밥으로 만들어봤습니다. 과연 어떤 맛일까 많이 기대했는데 국물로 먹을 때와는 또 다른 감칠맛이 있어 겨울에 먹기 좋은 음식으로 기억될 것 같습니다. 무는 국이나 솥밥에 사용하는 것과는 다르게 길이를 짧게 썰어 후라이팬에 넓게 뿌리듯 올렸습니다. 제철에만 먹을 수 있는 재료가 매생이인데 냉동 매생이를 해동해 요리에 넣어도 상관없으니 매생이를 좋아한다면 제철에 사서 냉동해두었다 사용해도 됩니다.

Ingredients

주재료 쌀 200g, 자른 매생이 2Ts, 굴 150g
부재료 바지락 150g, 표고버섯 2개, 다진 양파 2Ts, 다진 당근 2Ts, 채 썬 무 50g, 다진 쪽파 약간
육수 재료 물 220ml
양념 들기름, 식용유, 소금

Recipe

재료 준비하기

1. 쌀은 30분 이상 불려 물기를 빼둡니다.
2. 매생이는 체에 담아 흐르는 물로 살살 흔들어 씻어줍니다.
3. 바지락은 미리 해감해 준비하고 굴은 소금을 넣고 살살 흔들어 씻어줍니다.
4. 표고버섯은 얇게 썰어둡니다.

재료 볶기

5. 팬에 식용유를 두르고 다진 양파와 표고버섯, 다진 당근을 넣고 볶아줍니다.
6. 불린 쌀과 매생이를 넣어 함께 볶아줍니다.

후라이팬밥 하기

7. 물을 넣고 바지락과 굴, 채 썬 무를 올려줍니다.
8. 중약불에서 12분간 밥을 합니다.
9. 밥이 다 되면 다진 쪽파를 뿌리고 들기름을 둘러 먹습니다.

동남아풍 차돌박이 후라이팬밥

솥밥을 지을 때 흔히 차돌박이를 넣는데 저는 아직 한번도 만들어본 적이 없어요. 그런 제가 후라이팬밥에 차돌박이를 재료로 사용한 이유는 차돌박이를 구운 팬에 채소와 쌀을 볶아 고소함을 쌀알에 입혀주기 위해서입니다. 양파는 볶아 사용했는데 일부는 얇게 썰어 찬물에 담갔다가 밥이 다 되면 고수와 함께 올려 먹어도 좋습니다. 쌀국수 맛이 나는 후라이팬밥은 또 색다르면서도 누구나 아는 익숙한 맛이라 친근합니다.

Ingredients

주재료 쌀 200g, 차돌박이 80g
부재료 양파 80g, 청양고추 ½개, 홍고추 ½개, 숙주 30g, 라임 1쪽, 고수 약간
육수 재료 쌀국수 육수 3Ts, 물 220ml

Tip 쌀국수 육수는 시판 제품을 활용했어요.

Recipe

재료 준비하기

1. 쌀은 30분 이상 불려 물기를 빼둡니다.
2. 양파는 슬라이스합니다.
3. 청양고추와 홍고추는 송송 썰어둡니다.
4. 육수 재료는 미리 섞어둡니다.

재료 볶기

5. 팬에 차돌박이를 구워 그릇에 담아두고 같은 팬에 양파와 불린 쌀을 볶습니다.

Tip 차돌박이 대신 해산물을 넣어 동남아풍 해산물 후라이팬밥으로 만들어도 좋습니다.

후라이팬밥 하기

6. 육수를 넣고 구운 차돌박이와 숙주를 올립니다.
7. 중약불에 12분간 밥을 합니다.
8. 밥이 다 되면 청양고추, 홍고추, 라임, 고수를 올려 먹습니다.

시금치 페스토 후라이팬밥

페스토 후라이팬밥은 마치 리소토를 먹는 듯한 맛인데 원하는 재료를 다양하게 올려 먹을 수 있다는 게 후라이팬밥의 장점입니다. 시금치 페스토를 더 초록초록한 색으로 만들고 싶다면 시금치를 끓는 물에 넣어 데치면 된답니다. 시간이 지나도 색이 많이 변하지 않고 풋내가 덜해 부드럽고 고소한 페스토를 먹을 수 있습니다.

Ingredients

주재료 쌀 200g, 다진 양파 2Ts
부재료 방울토마토 7개, 생모차렐라 치즈 50g, 구운 잣 1Ts
시금치 페스토 시금치 100g, 호두 50g, 마늘 1쪽, 파르미지아노레지아노 치즈 가루 2Ts, 올리브유 150ml, 소금, 후춧가루
육수 재료 채소 육수 220ml
양념 그라나파다노 치즈, 식용유

Recipe

재료 준비하기

1. 쌀은 30분 이상 불려 물기를 빼둡니다.
2. 방울토마토는 반으로 썰고 생모차렐라 치즈는 먹기 좋게 썰어둡니다.

시금치 페스토 만들기

3. 시금치는 끓는 물에 소금을 넣고 살짝 데쳐 물기를 빼둡니다.
4. 호두는 마른 팬에 볶습니다.
5. 데친 시금치, 볶은 호두, 마늘, 파르미지아노레지아노 치즈가루, 올리브유, 소금, 후춧가루를 블렌더에 갈아줍니다.

재료 볶기

6. 식용유를 두른 팬에 다진 양파와 불린 쌀을 볶다가 방울토마토를 함께 볶아줍니다.

후라이팬밥 하기

> **Tip** 페스토 소스가 묻은 쌀이 쉽게 탈 수 있으니 약한 불로 밥을 하세요.

7. 채소 육수를 넣고 시금치 페스토를 올려 잘 풀어줍니다.
8. 생모차렐라 치즈를 올려 약한 불에서 12분간 밥을 합니다.
9. 밥이 다 되면 구운 잣을 올리고 그라나파다노 치즈를 갈아 올려 먹습니다.

잠발라야 후라이팬 밥

요즘은 잠발라야(미국 남부식 쌀 요리)를 인터넷 몰에서 완조리 제품으로 많이 판매하지만 예전엔 주로 패밀리 레스토랑에서만 먹을 수 있는 요리였습니다. 지금은 패밀리 레스토랑이 대부분 문을 닫아 저에게 잠발라야라는 메뉴는 추억의 요리가 되었습니다. 좋아하는 해산물과 고기를 넣고 만들어 먹는 편한 스타일의 요리인데 해산물이나 고기 중 하나가 빠져도 맛있으니 반드시 두 가지를 다 넣을 필요는 없습니다. 하지만 여기에 케이준 스파이스와 파프리카 파우더는 꼭 들어가야 이 맛이 나기 때문에 생략하지 말고 레시피대로 넣어주세요.

Ingredients

주재료 쌀 200g, 소시지 60g, 새우살 120g, 토마토홀 150g
부재료 셀러리 1대, 파프리카 50g, 다진 양파 2Ts, 이탈리안 파슬리 약간
육수 재료 물 100ml, 치킨스톡 3Ts
양념 케이준 스파이스 10g, 파프리카 파우더 5g, 식용유

 Tip 시즈닝 계량이 중요해요.
2대 1 비율로 넣어주세요.

Recipe

재료 준비하기

1. 쌀은 30분 이상 불려 물기를 빼둡니다.
2. 소시지는 얇게 썰고 셀러리와 파프리카는 잘게 썰어둡니다.
3. 육수 재료는 미리 섞어둡니다.

재료 볶기

4. 식용유를 두른 팬에 다진 양파, 셀러리, 파프리카, 불린 쌀을 볶습니다.

후라이팬밥 하기

5. 팬에 육수를 넣고 소시지와 새우살을 올려줍니다.
6. 토마토홀을 올리고 케이준 스파이스와 파프리카 파우더를 섞어 고루 뿌려줍니다.
7. 중약불에서 12분간 밥을 합니다.
8. 이탈리안 파슬리는 다져서 얹어줍니다.

4

2~3인 기준

든든한
후라이팬밥

이 카테고리에 있는 메뉴들은 재료가 푸짐하고 부피감이 있어 말 그대로 든든하게 먹을 수 있는
후라이팬밥입니다. 웬만하면 재료를 통째 사용해 비주얼도 풍성해 보이고 양도 넉넉해 여럿이 둘러앉아
먹기 좋아요. 어른은 물론이고 어린아이까지 두루두루 좋아해 오랜만에 가족들이 모여 식사할 때 추천할
만한 메뉴입니다. 특별한 날 요리를 따로 준비하지 않아도 되는 든든한 후라이팬밥이랍니다.

삼계 후라이팬밥

테스트하면서 제일 많이 고민했던 메뉴입니다. 닭의 부위부터 조리 방법까지 끊임없이 상의하고 만들다 보니 촬영 당일 최고 맛있는 결과물이 나와 정말 뿌듯했고 모두가 맛있게 먹었습니다. 누룽지 백숙 맛도 나면서 양식 맛도 나면 좋겠다고 생각했는데 원하던 맛 그대로 나왔어요. 역시나 중요한 포인트는 닭을 구운 팬에 양파와 쌀을 볶아주는 것입니다. 그런데 닭 부위가 다릿살이다 보니 기름이 많이 나와 쌀을 볶기 전 키친타월로 기름의 반 정도는 닦아내야 해요. 보양식으로 집에서 만들어 가족들과 함께 둘러앉아 먹기에도 좋습니다.

Ingredients

주재료 쌀 200g, 닭 다릿살 300g, 다진 양파 2Ts, 송송 썬 대파 3Ts
부재료 마늘 5쪽, 깐 밤 7개, 은행 15알, 대추 3개, 구운 잣 1Ts, 다진 쪽파 2Ts
육수 재료 치킨스톡 3Ts, 물 220ml
*액상 치킨스톡을 주로 사용합니다.
양념 청주 2Ts, 식용유, 소금, 후춧가루

Recipe

재료 준비하기

1. 쌀은 30분 이상 불려 물기를 빼둡니다.
2. 닭 다릿살은 청주, 소금, 후춧가루에 1시간 이상 재웁니다.
3. 육수 재료는 미리 섞어둡니다.

재료 굽기 / 볶기

4. 팬에 식용유를 두르고 닭 다릿살을 앞뒤로 노릇하게 구워 접시에 담아둡니다.
5. 닭을 구운 팬에 다진 양파와 송송 썬 대파, 불린 쌀을 볶습니다.

후라이팬밥 하기

6. 육수를 넣고 구운 닭을 올려줍니다.
7. 마늘과 깐 밤, 은행, 대추, 구운 잣을 올려줍니다.
8. 중약불에서 12분간 밥을 합니다.
9. 밥이 다 되면 다진 쪽파를 뿌려 먹습니다.

꽃게
후라이팬밥

다른 메뉴에 비해 재료가 너무 간단해 뭔가 더 넣어야 하지 않을까 생각할 수 있지만 일부러 최소한의 재료로 만든 후라이팬밥입니다. 꽃게 향과 맛을 해치기 싫은 이유도 있지만 다른 재료가 들어가지 않아도 충분히 맛있기 때문입니다. 비싼 꽃게를 사용하지 않아도 됩니다. 냉동 꽃게를 냉장고에서 해동해 넣어도 충분히 맛있는 꽃게 후라이팬밥을 만들 수 있습니다.

Ingredients

주재료 쌀 200g, 꽃게 2마리
부재료 다진 양파 2Ts, 다진 미나리 2Ts
육수 재료 채소 육수 220ml
양념 식용유

Recipe

재료 손질하기

1. 쌀은 30분 이상 불려 물기를 빼둡니다.

2. 꽃게는 깨끗이 씻어 등딱지는 그릇에 담아두고 나머지는 살을 짜둡니다.

재료 볶기

3. 팬에 식용유를 두르고 다진 양파와 불린 쌀을 볶다 발라낸 게살을 넣어 함께 볶습니다.

후라이팬밥 하기

4. 채소 육수를 넣고 등딱지와 짜낸 게를 올려 중약불에서 12분간 밥을 합니다.

5. 밥이 다 되면 다진 미나리를 뿌려 먹습니다.

페퍼 소스 스테이크 후라이팬밥

요즘은 시판용 스테이크 소스가 워낙 다양해 집에서도 식당만큼 맛있는 고기 요리를 만들어 먹을 수 있어요. 이 레시피는 아이부터 어른까지 누구나 호불호 없이 먹기 좋은 후라이팬밥입니다. 스테이크로 구워 먹는 게 아니라 뚜껑을 덮고 12분간 조리해야 하기 때문에 오래 익혀도 질기지 않는 안심 부위를 사용했습니다. 양파는 오랫동안 볶아주면 단맛과 수분이 빠져나와 양념을 넣어도 타지 않으니 번거롭더라도 양파 볶을 때 시간을 넉넉하게 잡으면 좋습니다.

Ingredients

주재료 쌀 200g, 소고기 안심 200g
부재료 파프리카 90g, 적양파 70g
육수 재료 채소 육수 220ml
양념 스테이크 소스 3Ts, 식용유, 소금, 후춧가루

Recipe

재료 준비하기

1. 쌀은 30분 이상 불려 물기를 빼둡니다.
2. 안심은 소금, 후춧가루를 뿌려 30분간 재웁니다.
3. 재운 안심은 주사위 모양으로 먹기 좋게 썰고 파프리카도 비슷한 크기로 썰어둡니다.
4. 적양파는 슬라이스합니다.

재료 볶기

5. 팬에 식용유를 두르고 적양파를 넣어 소금, 후춧가루를 뿌려 흐물흐물해질 때까지 볶습니다.

6. 파프리카와 안심을 넣고 함께 볶다 불린 쌀과 스테이크 소스를 넣어 한번 더 볶습니다.

후라이팬밥 하기

7. 채소 육수를 넣고 중약불에서 12분간 밥을 합니다.

여러 생선 중에서도 반건조 생선을 선택한 것은 뚜껑을 덮고 열을 가했을 때 잘 부서지지 않아서예요. 그중에서도 병어를 고른 이유는 살이 뼈에서 잘 분리되기 때문입니다. 하지만 어떤 생선도 이 양념장만 있으면 비슷한 맛을 낼 수 있으니 냉동실에 넣어둔 생선을 꺼내 만들면 됩니다. 양념 간이 센 편이라 소금 간이 강하지 않은 생선을 사용하는 게 좋아요. 살을 발라 비벼 먹으면 정말 맛있는 후라이팬밥이기에 뼈가 제거된 손질 생선이면 더 편하게 드실 수 있답니다.

생선통구이
후라이팬밥

Ingredients

주재료 반건조 병어 1마리, 즉석밥 1개
부재료 부침가루, 다진 쪽파
육수 재료 물 50ml
양념장 재료 황금팽이버섯 50g, 홍고추 1개, 청양고추 1개, 진간장 2Ts, 라조장 1Ts, 유자청 1Ts, 물 2Ts, 참기름 1/2Ts

Recipe

재료 준비하기

1. 반건조 병어는 흐르는 물에 깨끗이 씻어 키친타월로 물기를 닦아낸 뒤 칼집을 냅니다.

양념장 만들기

2. 황금팽이버섯은 먹기 좋게 썰고 홍고추와 청양고추는 얇게 썰어둡니다.
3. 냄비에 모든 양념장 재료를 넣고 볶습니다.

재료 볶기 / 굽기

4. 병어는 부침가루를 가볍게 입혀 튀기듯 굽습니다.

> **Tip** 생선을 구울 때 후라이팬 뚜껑을 덮어주면 주변에 기름 튀는 것을 방지하고 생선 속까지 고르게 잘 익습니다.

후라이팬밥 하기

5. 팬에 즉석밥을 펼치고 물과 병어를 올려 약한 불에서 5분간 조리합니다.
6. 밥이 다 되면 양념장과 다진 쪽파를 얹어 먹습니다.

> **Tip** 구운 생선이 너무 눅눅해지지 않도록 조리 시간을 단축하기 위해 즉석밥을 사용했습니다.

연어 시즈닝 후라이팬밥

후라이팬밥의 장점은 팬에 재료를 구워 고소하고 깊은 맛을 낼 수 있고 또 양념이나 시즈닝만으로도 재료를 얹어 찌듯이 조리할 수 있다는 것이에요. 연어 시즈닝 후라이팬밥은 따로 연어를 굽지 않고 시즈닝된 생연어를 올려 조리하는 방법을 선택했습니다. 연어의 기름 때문에 비리지 않을까 생각했는데 시즈닝이 그 고민을 해결해주었습니다. 약간의 뻑뻑함은 키위금귤 살사를 얹어 부드럽고 상큼하게 곁들이면 더 맛있게 먹을 수 있습니다.

Ingredients

주재료 쌀 200g, 연어 250g
부재료 파프리카 50g, 다진 양파 2Ts, 편 마늘 2쪽 분량
연어 마리네이드 파프리카 파우더 1ts, 카엔페퍼 1ts, 마늘 가루 1/2Ts, 소금, 후춧가루
육수 재료 토마토소스 3Ts, 물 220ml
키위금귤 살사 키위 1개, 금귤 3개, 청양고추 1/2개, 요거트 2Ts, 딜, 올리브오일, 소금, 후춧가루
양념 식용유

Recipe

재료 준비하기

1. 쌀은 30분 이상 불려 물기를 빼둡니다.
2. 연어 마리네이드 재료를 섞어 연어를 앞뒤로 꼼꼼히 바른 다음 1시간 이상 재웁니다.
3. 파프리카는 잘게 썰어놓습니다.
4. 육수 재료는 미리 섞어둡니다.

키위금귤 살사 만들기

5. 키위와 금귤은 잘게 썰고 청양고추는 다져놓습니다.
6. 볼에 손질한 재료와 나머지 살사 재료를 모두 넣고 잘 섞습니다.

재료 볶기

7. 팬에 식용유를 두르고 다진 양파와 편 마늘을 볶습니다.
8. 파프리카와 불린 쌀을 넣고 한번 더 볶습니다.

후라이팬밥 하기

9. 연어를 올려 중약불에서 12분간 밥을 합니다.
10. 밥이 다 되면 키위금귤 살사를 올려 먹습니다.

Tip 금귤철이 아닐 때는 망고나 딸기를 사용해도 좋습니다.

레몬 가리비 후라이팬밥

요리 수업에서 인기가 많던 메뉴로 그 당시에는 밥 없이 만들었는데 모두가 좋아해 후라이팬밥으로 만들어보았습니다. 가리비 중에서도 홍가리비를 사용하는 이유는 단맛이 강하고 가격대가 저렴해 부담 없이 푸짐하게 먹기 좋아서입니다. 가리비는 바지락과 다르게 해감이 필요 없는데 물에 담가두는 이유는 바닷물을 머금고 있어 그냥 조리하면 너무 짜 간을 맞추기 힘들기 때문입니다. 현지 직송이나 노량진에서 구매하는 경우 바닷물에 그대로 담아오기에 30분간 물에 담갔다 요리해야 해요. 일반 마트나 인터넷 몰에서 주문 시 물이 없는 가리비는 이미 바닷물이 빠진 상태이니 물에 담그지 말고 겉만 깨끗하게 세척하면 됩니다.

Ingredients

주재료 쌀 200g, 홍가리비 8개, 배춧잎 2장, 베이컨 2줄, 레몬 2/3개
부재료 방울토마토 5개, 다진 양파 2Ts, 편 마늘 2쪽 분량, 이탈리안 파슬리 약간
육수 재료 물 220ml
양념 식용유

Recipe

재료 준비하기

1. 쌀은 30분 이상 불려 물기를 빼둡니다.
2. 홍가리비는 30분간 물에 담근 후 물기를 빼둡니다.
3. 배춧잎은 손가락 길이 정도로 썰고 베이컨은 잘게 썰어놓습니다.
4. 레몬은 얇게 썰어두고 방울토마토는 반으로 썰어둡니다.

재료 볶기

5. 팬에 식용유를 두르고 베이컨을 볶다 다진 양파와 편 마늘, 불린 쌀을 넣고 함께 볶습니다.

후라이팬밥 하기

6. 물을 넣고 3분간 끓이다 홍가리비와 배춧잎, 레몬, 방울토마토를 넣어 중약불에서 8분간 밥을 합니다.
7. 밥이 다 되면 이탈리안 파슬리를 뿌려 먹습니다.

> **Tip** 3분간 끓이다 가리비를 넣는 이유는 가리비는 조리 시간을 8분 이상 넘기지 않아야 맛있게 먹을 수 있기 때문이에요. 너무 오래 조리하면 가리비의 좋은 맛이 다 빠지고 탱글탱글한 가리비를 먹을 수 없답니다.

파불고기 후라이팬밥

굽지 않은 상태의 고기를 올려 후라이팬밥을 하면 과연 제대로 먹을 수 있을까 고민했던 부분을 여러 번도 아닌 한 번의 테스트 끝에 레시피가 완성된 메뉴입니다. 하지만 찌는 방식으로 열을 가해야 하다 보니 불고기용 중에서도 최대한 얇게 썬 고기를 준비해주세요. 설탕 대신 사과즙을 사용한 이유는 고기의 연육 작용도 있지만 냉장고에 한두 개쯤 있는 과일즙, 배즙, 사과즙을 소진할 겸 활용해보았습니다.

Ingredients

주재료 쌀 200g, 불고기용 소고기 150g, 표고버섯 50g
불고기 양념 사과즙 3Ts, 진간장 2Ts, 참기름 ½Ts, 다진 마늘 1ts, 후춧가루
부재료 홍고추 ½개, 다진 양파 2Ts, 파채 ½줌
육수 재료 채소 육수 220ml
양념 식용유

Recipe

재료 준비하기

1. 쌀은 30분 이상 불려 물기를 빼둡니다.
2. 소고기는 재료를 고루 섞은 불고기 양념에 1시간 이상 재웁니다.
3. 표고버섯은 얇게 슬라이스하고 홍고추는 송송 썰어둡니다.

재료 볶기

4. 팬에 식용유를 두르고 다진 양파와 불린 쌀을 볶다가 준비된 파채를 반만 넣어 함께 볶습니다.

후라이팬밥 하기

5. 표고버섯을 올리고 채소 육수를 부어줍니다.
6. 양념된 고기를 올려 중약불에서 12분간 밥을 합니다.
7. 밥이 다 되면 홍고추와 남은 파채를 올려 먹습니다.

5

2~3인 기준

캠핑용 후라이팬밥

친구들과 함께 캠핑 갔을 때 직접 후라이팬밥을 만들어 먹은 적이 있어요. 캠핑을 수년째 다닌 친구가 캠핑장에서는 정말 최고 메뉴라 추천할 만큼 맛있게 먹은 기억이 있어 즐겁게 레시피를 만들어보았습니다. 이제는 캠핑장을 잡기도 힘들 만큼 많은 사람들이 캠핑을 다니는데 매번 똑같은 메뉴가 아닌 익숙한 재료로 더욱 맛있는 요리를 만들어보았습니다. 캠핑용 후라이팬밥에 육수를 따로 사용하지 않은 이유는 야외에서 밥을 할 때 번거로움을 덜기 위해서입니다. 또 시간을 단축하고 쉽게 조리할 수 있도록 즉석밥을 사용했는데 그 때문에 중간에 볶는 과정이 생략되었습니다. 혹시 쌀을 이용하는 분들은 다른 레시피처럼 쌀을 씻어 30분간 불린 후 식용유를 두른 팬에 볶고 재료를 올려 후라이팬밥을 하면 됩니다.

바지락 통오징어 후라이팬밥

이 후라이팬밥이 특별한 양념이나 육수 없이도 맛있는 이유는 바지락 때문입니다. 바지락이 빠지면 이 맛이 나지 않으니 번거롭더라도 꼭 챙기기 바랍니다. 야외에서 쉽고 빠르게 조리해야 하기에 오징어는 가능하면 작은 사이즈가 더 좋습니다. 즉석밥을 이용한 후라이팬밥 중에서도 시간이 좀 더 걸리는 것은 바지락이 입을 벌리는 시간이 필요해서입니다.

Ingredients

주재료 오징어 2마리, 바지락 250g, 즉석밥 1개
육수 재료 물 50ml
양념 레몬, 케이준 스파이스

Recipe

재료 준비하기

1. 오징어는 손질해 양끝에 칼집을 촘촘하게 냅니다.
2. 바지락은 5시간 이상 해감합니다.

후라이팬밥 하기

3. 즉석밥을 후라이팬에 펴고 물을 붓습니다.
4. 오징어와 바지락을 올려 뚜껑 덮고 약한 불에서 8분간 조리합니다.
5. 밥이 다 되면 취향에 맞게 레몬과 케이준 스파이스를 뿌려 먹습니다.

 **Tip** 해산물이 들어간 후라이팬밥에는 케이준 스파이스가 잘 어울려 다른 양념 없이도 맛있게 먹을 수 있습니다.

골뱅이 후라이팬밥

Ingredients

주재료 통조림 골뱅이 300g, 즉석밥 1개
부재료 깻잎 2장, 그라나파다노 치즈 30g, 모차렐라 치즈 30g, 파채 10g
골뱅이 양념 통조림 골뱅이 국물 50ml, 고추장 1Ts, 진간장 1Ts, 참기름 ½Ts, 고춧가루 ½Ts, 고추기름 ½Ts, 후춧가루

Recipe

재료 준비하기

1. 골뱅이는 체에 거르고 국물은 따로 보관합니다.
2. 골뱅이 양념은 섞어둡니다.
3. 깻잎은 얇게 채 썰어둡니다.
4. 그라나파다노 치즈는 두껍게 썰어놓습니다.

후라이팬밥 하기

5. 후라이팬에 즉석밥을 펴고 골뱅이 양념을 뿌립니다.
6. 모차렐라 치즈와 그라나파다노 치즈를 올립니다.
7. 골뱅이를 올려 뚜껑 덮고 약한 불에서 5분간 조리합니다.
8. 밥이 다 되면 채 썬 깻잎과 파채를 올려 먹습니다.

Tip 즉석밥을 펼 때 밥을 부드럽게 펼치기 위해 물을 조금 넣어요.

골뱅이 하면 많은 사람들이 파무침이나 소면과 함께 비벼 먹는 요리를 떠올립니다. 여기서는 골뱅이를 캠핑장에서 따뜻하게 먹는 후라이팬밥으로 만들어봤습니다. 양념이 꽤 매콤한 편이라 치즈를 듬뿍 올려 함께 먹으면 야외에서 먹기에 좋은 맛입니다. 이때 스팸을 구워 곁들인다면 술안주로도 좋은 메뉴가 됩니다.

양갈비구이 후라이팬밥

예전에는 양갈비를 레스토랑에서만 먹었다면 요즘은 어디서나 쉽게 구할 수 있어요. 집에서는 물론이고 특히 캠핑 갈 때 양갈비를 준비하는데 후라이팬밥으로도 먹을 수 있게 만들었습니다. 혹시 양갈비 냄새에 예민한 분들은 양갈비를 시즈닝 양념에 미리 마리네이드해 구우면 거부감 없이 먹을 수 있습니다. 팬에 구울 땐 모든 면을 꼼꼼하게 구워주면 좋아요. 한번 더 스팀처럼 찌는 조리 과정이 있어서 속까지 촉촉하게 익은 양갈비를 먹을 수 있습니다.

Ingredients

주재료 구이용 양갈비 300g, 즉석밥 1개
부재료 마늘 2쪽, 버터 30g, 라임 ½개,
이탈리안 파슬리 약간, 올리브유
육수 재료 물 50ml
시즈닝 타코 파우더 1ts, 쿠민 파우더 1ts,
파프리카 파우더 1ts

Recipe

재료 준비하기

1. 양갈비는 키친타월로 핏물을 빼줍니다.
2. 시즈닝 재료를 똑같은 비율(1ts)로 섞어 양갈비에 고루 바르고 올리브유를 뿌려 1시간 이상 마리네이드합니다.
3. 마늘은 칼등으로 으깨어 굵게 다집니다.

Tip 시판용 곱게 다진 마늘을 사용하면 금세 타기 때문에 추천하지 않습니다.

재료 볶기

4. 버터를 팬에 녹여 양갈비를 앞뒤로 굽고 거의 구워지면 다진 마늘을 넣습니다.

후라이팬밥 하기

5. 즉석밥을 후라이팬에 펴고 물을 붓습니다.
6. 구운 양갈비를 올려 뚜껑을 덮고 약한 불에서 8분간 조리합니다.
7. 밥이 다 되면 양갈비를 먹기 좋게 썰어둡니다.
8. 썰어둔 양갈비를 밥에 올려 이탈리안 파슬리와 라임을 얹어 먹습니다.

부대찌개 후라이팬밥

캠핑 요리에서 1순위는 바로 부대찌개가 아닐까요? 하지만 가끔은 찌개가 아닌 비벼 먹는 밥으로 먹고 싶을 때 후라이팬밥으로 만들면 또 다른 맛을 즐길 수 있습니다. 재료는 부대찌개에 꼭 빠지지 않고 들어가는 것들로 준비하면 됩니다. 물에 끓이는 형태가 아니다 보니 가능하면 단시간에 익힐 수 있는 재료를 사용하면 더 좋겠습니다.

Ingredients

주재료 김치 80g, 스팸 200g, 소시지 100g, 즉석밥 1개
부재료 콩나물 15g, 대파 1대, 체더치즈 1장, 쑥갓 약간
양념장 재료 진간장 2Ts, 고추장 1Ts, 고춧가루 1Ts, 설탕 2ts, 다진 마늘 1ts, 후춧가루
육수 재료 물 50ml

Recipe

재료 준비하기

1. 김치는 3cm 길이로 썰고 스팸은 얇게 썰어놓습니다.
2. 소시지는 어슷썰기로 얇게 썰어놓습니다.
3. 콩나물은 씻어 준비하고 대파는 파채로 준비합니다.
4. 양념장 재료는 미리 섞어둡니다.

후라이팬밥 하기

5. 즉석밥을 후라이팬에 펴고 물을 붓습니다.
6. 스팸과 소시지는 가장자리에 둥글게 놓습니다.
7. 김치와 양념장을 올립니다.
8. 콩나물과 파채를 가운데 올리고 체더치즈를 4등분해 올립니다.
9. 뚜껑을 덮고 약한 불에서 5분간 조리합니다.
10. 밥이 다 되면 쑥갓을 먹기 좋게 잘라 올려 먹습니다.

삼겹살 김치볶음 후라이팬밥

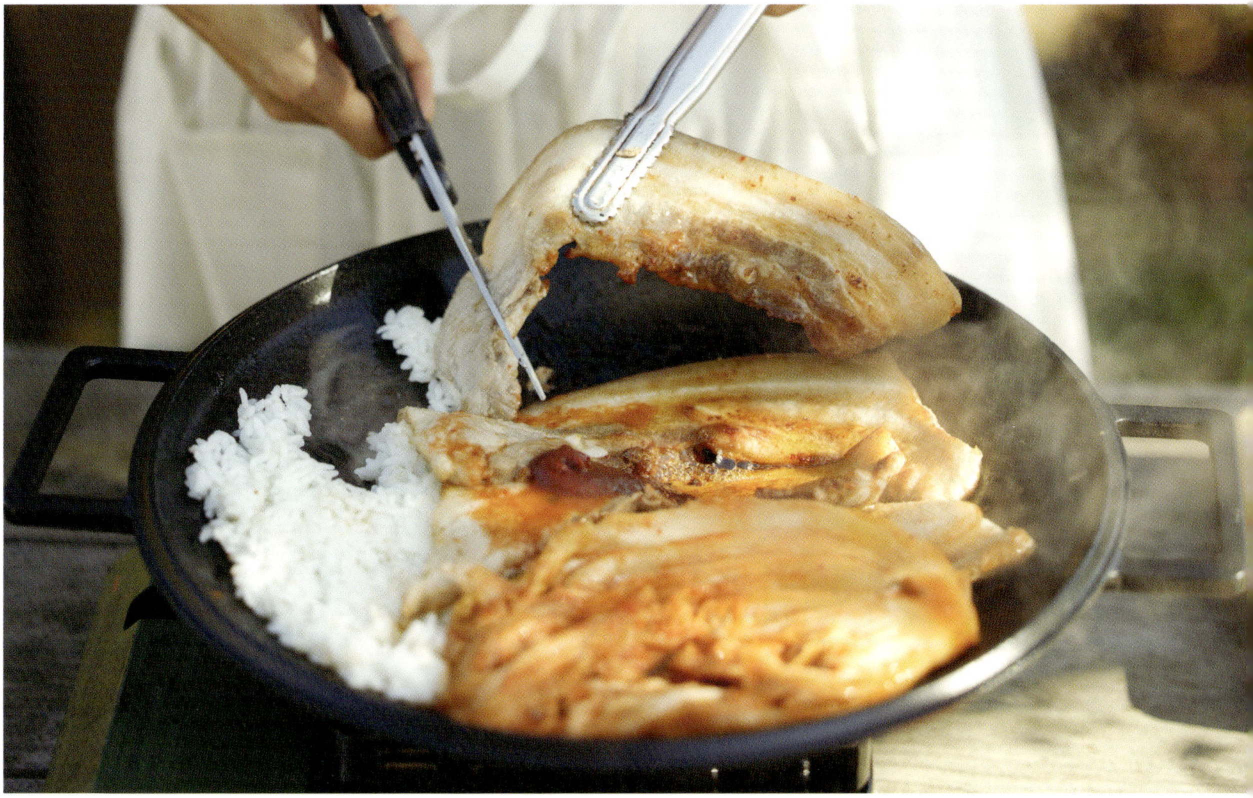

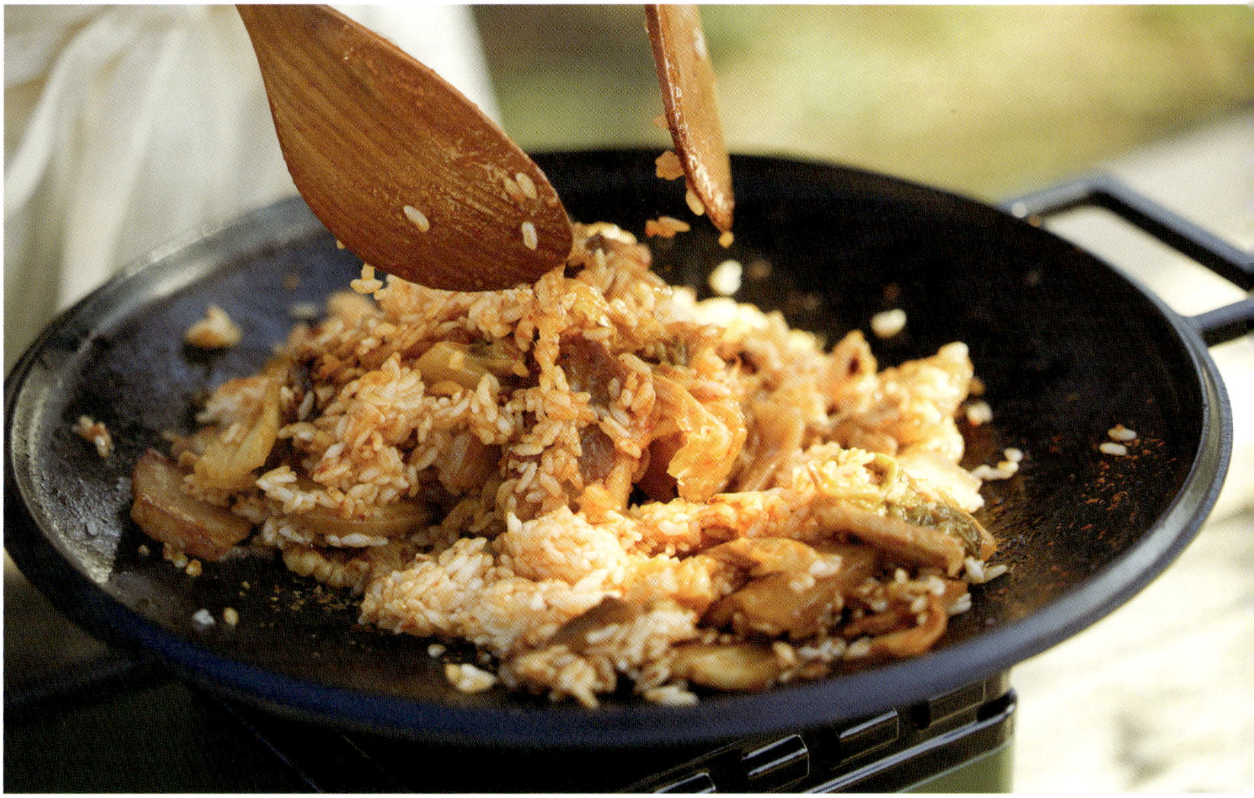

Ingredients

주재료 삼겹살 250g , 포기김치 ½포기, 즉석밥 1개
부재료 미나리 15g, 조미김 1장
육수 재료 김칫국물 50ml
양념 고추장 1Ts, 참기름 1Ts, 소금, 후춧가루

Recipe

재료 준비하기

1. 미나리는 먹기 좋게 썰어둡니다.

재료 볶기

2. 후라이팬에 삼겹살을 올리고 소금, 후춧가루를 뿌려 굽다 김치를 넣고 같이 굽습니다.

후라이팬밥 하기

3. 즉석밥을 후라이팬 한쪽에 올립니다.

4. 김칫국물과 고추장을 넣어 고루 섞고 뚜껑을 덮어 약한 불에서 5분간 조리합니다.

5. 밥이 다 되면 불을 켜둔 채 삼겹살과 김치를 먹기 좋게 썰어줍니다.

6. 참기름과 조미김, 미나리를 넣고 섞어 먹습니다.

냉동 삼겹살로 유명한 식당에서 고기를 먹은 뒤 밥을 볶아달라고 하면 볶은밥을 은박지에 싸서 불판에 올린 뒤 잠시 뜸을 들이는데 그 밥을 먹어보고 생각한 메뉴입니다. 그냥 볶아도 맛있지만 후라이팬밥으로 만들어 먹으면 더 맛있으니 꼭 레시피를 참고해 캠핑장에서 만들어보세요. 몇 배로 맛있게 먹을 수 있습니다.

간장닭갈비 후라이팬밥

캠핑은 주로 가족들과 함께 가는데 아이가 있는 집에서는 캠핑용 요리로 대부분 고기나 소시지를 구워 먹습니다. 야외이다 보니 메뉴가 한정적일 수밖에 없지만 온 가족이 다 같이 먹기 좋은 간장닭갈비 후라이팬밥을 소개합니다. 닭 다릿살은 가능하면 집에서 재워 가시면 매우 편하답니다. 같이 곁들인 토마토 살사는 다양한 육류 요리에도 곁들여 드세요.

Ingredients

주재료 닭 다릿살 300g, 즉석밥 1개
부재료 양파 60g, 청양고추 1개, 홍고추 1개
육수 재료 물 50ml
양념장 진간장 2Ts, 흑설탕 1Ts, 참기름 1ts, 다진 마늘 1ts, 물엿 1ts, 굴 소스 1ts, 청주 1/2Ts, 후춧가루
토마토 살사 방울토마토 1개, 다진 양파 1Ts, 다진 청양고추 1Ts, 올리브유 1Ts, 레몬즙 1ts, 유자청 1/2Ts, 딜 약간, 소금
양념 식용유

Recipe

재료 준비하기

1. 닭 다릿살은 먹기 좋게 썰고 양념장 재료는 고루 섞어둡니다.
2. 닭 다릿살을 양념장에 3시간 이상 마리네이드합니다.
3. 양파는 얇게 슬라이스합니다.
4. 청양고추와 홍고추는 어슷하게 썰어둡니다.
5. 방울토마토는 1/4등분한 뒤 남은 재료와 섞어 토마토 살사를 만듭니다.

재료 굽기

6. 팬에 식용유를 두르고 양념한 닭을 노릇하게 구워 접시에 담아둡니다.

후라이팬밥 하기

7. 닭을 구운 후라이팬에 즉석밥을 펴고 물을 붓습니다.
8. 구운 닭과 양파, 청양고추, 홍고추를 올려 뚜껑을 덮고 약한 불에서 5분간 조리합니다.
9. 밥이 다 되면 토마토 살사를 곁들여 먹습니다.

6

2~3인 기준

채소
후라이팬밥

채소를 이용해 후라이팬밥을 만드는 건 생각보다 많이 어려웠습니다. 채소 본연의 맛도 살리면서 양념과 육수를 사용해 간도 맞아야 하기 때문입니다. 솥밥과 다르게 후라이팬이라는 공간을 다양한 채소로 채우면서 영양과 맛까지 갖춘 메뉴들입니다. 제철 재료도 있지만 대부분 1년 내내 마트에서 살 수 있는 재료들이라 편하게 만들어 먹을 수 있습니다.

양배추
김가루 소스
후라이팬밥

저의 첫 번째 요리책 〈모두의 솥밥〉에 나오는 양배추솥밥이 아삭한 식감을 살린 밥이라면
이 후라이팬밥은 양배추를 푹 익혀 부드럽게 소스에 비벼 먹는 밥입니다. 양배추를 부드럽게
익힌 대신 빵가루를 얹어 식감을 살렸고 김가루 소스가 잘 어울리니 꼭 함께 먹어보세요.
김가루 소스는 넉넉하게 만들어 샐러드 드레싱으로 활용해도 좋습니다. 흔한 식재료인
양배추를 이용해 한 끼 넉넉한 요리로 먹을 수 있는 건강한 후라이팬밥입니다.

Ingredients

주재료 쌀 200g, 양배추 300g
부재료 당근 50g, 베이비 브로콜리 80g, 빵가루 2Ts
육수 재료 채소 육수 220ml
김가루 소스 구운 김 2장, 들기름 50ml, 매실청 1Ts, 검은깨 가루 1ts, 식초 2ts
양념 식용유, 소금, 후춧가루

Recipe

재료 준비하기

1. 쌀은 30분 이상 불려 물기를 빼둡니다.
2. 양배추와 당근은 얇게 채 썰어둡니다.
3. 베이비 브로콜리는 먹기 좋게 썰어둡니다.
4. 빵가루는 마른 팬에 노릇하게 구워둡니다.

김가루 소스 만들기

5. 구운 김은 손으로 잘게 부순 뒤 준비한 양념에 섞어주세요.

재료 볶기

6. 팬에 식용유를 두르고 불린 쌀과 당근을 볶다 소금과 후춧가루를 살짝 뿌려 간합니다.

후라이팬밥 하기

7. 양배추와 베이비 브로콜리를 올립니다.
8. 빵가루를 고루 뿌리고 채소 육수를 부어 중약불에서 12분간 밥을 합니다.
9. 밥이 다 되면 김가루 소스를 뿌려 비벼 먹습니다.

콜리플라워 후라이팬밥

콜리플라워를 중식 요리인 쿵파오처럼 만들어봤어요. 간이 좀 있는 편이라 채소로도 후라이팬밥 요리를 만들 수 있구나 싶은 새로우면서도 익숙한 맛입니다. 콜리플라워에 사용한 시즈닝은 따뜻한 샐러드에도 자주 곁들이는데 술안주로도 너무나 잘 어울립니다. 콜리플라워는 볶고 찌고 생으로 갈아 올리는 등 하나의 후라이팬밥에 다양한 조리법을 이용하니 맛이 훨씬 다채롭게 느껴집니다.

Ingredients

주재료 시판용 귀리햇반 1개, 콜리플라워 250g
부재료 파프리카 1개, 캐슈너트 3Ts, 페페론치노 3~4개
육수 재료 채소 육수 50ml
콜리플라워 시즈닝 칠리 파우더, 파프리카 파우더, 쿠민 파우더
양념 굴 소스, 식용유, 소금

> **Tip** 비건 굴 소스 혹은 연두로 대체 하세요.

Recipe

재료 준비하기

1. 콜리플라워 150g은 한입 크기로 썰고 50g은 다지고 50g은 남겨둡니다.

2. 파프리카는 먹기 좋게 썰어둡니다.

재료 볶기

3. 식용유를 두른 팬에 한입 크기로 썬 콜리플라워, 고루 섞은 시즈닝을 뿌린 후 캐슈너트를 넣고 소금을 뿌려 볶습니다.

4. 파프리카를 넣고 굴 소스를 약간 넣어 함께 볶습니다.

Tip 즉석밥을 이용하는 이유는 양념으로 굴 소스가 들어가 후라이팬이 탈 수 있어서 조리 시간을 단축하기 위해서입니다.

후라이팬밥 하기

5. 즉석밥을 다른 팬에 올려 넓게 펼쳐주면서 다진 콜리플라워도 함께 섞어줍니다.

6. 채소 육수와 페페론치노, 볶은 재료를 올려 약한 불에서 5분간 조리합니다.

7. 밥이 다 되면 콜리플라워를 슬라이서에 갈아 올려 먹습니다.

라타투이 후라이팬밥

누구에게나 따뜻하고 익숙한 요리로 기억되는 라타투이를 후라이팬밥으로 만들어봤습니다. 짧은 시간 조리해야 하기 때문에 대부분 채소를 얇게 썰어 사용했고 밥이 다 되면 부드럽게 으깨어 밥과 함께 먹을 수 있도록 했습니다. 채소를 좋아해 추가로 더 넣고 싶다면 단단한 채소 경우 가늘게 손질하면 어떤 채소라도 푸짐하게 넣어 후라이팬밥으로 먹을 수 있습니다.

Ingredients

주재료 쌀 200g, 가지 1개, 애호박 1개, 방울토마토 15개
부재료 바질 10g
육수 재료 채소 육수 100ml, 토마토소스 200ml
양념 식용유

Recipe

재료 준비하기

1. 쌀은 30분 이상 불려 물기를 빼둡니다.
2. 가지와 애호박은 반으로 갈라 필러로 얇게 썰어둡니다.
3. 방울토마토는 반으로 갈라 썰어놓습니다.

재료 볶기

4. 팬에 식용유를 두르고 불린 쌀을 볶다 토마토소스를 넣어 잘 섞어줍니다.

5. 채소 육수를 부어줍니다.

후라이팬밥 하기

6. 썰어둔 가지와 애호박은 반으로 접어 팬에 빈틈없이 올립니다.

7. 가운데에 방울토마토와 바질을 한두 장 남겨두고 올립니다.

8. 뚜껑을 덮고 약한 불에서 12분간 밥을 합니다.

9. 밥이 다 되면 남은 바질을 올려 먹습니다.

Tip 조리할 때 바질을 넣으면 향이 은은하게 퍼져 색이 변하더라도 이때 넣어줍니다.

뿌리채소구이 후라이팬밥

찬바람이 불면 항상 생각나는 채소 중에 뿌리채소들이 있어요. 뿌리채소는 특히나 팬에 은은한 불로 구웠을 때 단맛이 더 올라와 구운 채소들로 다양한 요리를 만들어 먹고 있습니다. 그렇게 구운 뿌리채소들은 다시 찌면 순하고 따뜻한 맛을 내게 됩니다. 밥이 다 된 후 레몬견과류된장 소스를 곁들이면 간이 잘 맞아 뿌리채소의 맛이 더 살아나 맛있습니다.

Ingredients

주재료 쌀 200g, 연근 100g, 베이비 당근 4개,
무 50g, 우엉 30g, 래디시 3개
부재료 딜 약간
육수 재료 채소 육수 220ml
레몬견과류된장 소스 미소 된장 1Ts,
다진 호두 1Ts, 레몬즙 ½Ts, 꿀 1ts, 들기름 1Ts
양념 식용유, 소금, 후춧가루

Recipe

재료 준비하기

1. 쌀은 30분 이상 불려 물기를 빼둡니다.
2. 연근은 깨끗하게 씻어 껍질째 동그랗게 썰어둡니다.
3. 베이비 당근은 깨끗하게 씻어 반으로 썰어둡니다.
4. 무는 반달 모양으로 썰어둡니다.
5. 우엉은 깨끗하게 씻어 껍질째 어슷하게 썰고 래디시는 반으로 썰어둡니다.

레몬견과류된장 소스 만들기

6. 팬에 미소 된장을 볶습니다.
7. 볶은 미소 된장에 다진 호두와 레몬즙, 꿀, 들기름을 넣어 잘 섞어줍니다.

재료 굽기

8. 팬에 식용유를 두르고 손질한 채소를 소금, 후춧가루를 뿌려 앞뒤로 노릇하게 굽습니다.
9. 구운 채소는 그릇에 담아둡니다.
10. 팬에 식용유를 두르고 불린 쌀을 볶습니다.

후라이팬밥 하기

11. 채소 육수를 넣고 구운 채소를 올려 중약불에서 12분간 밥을 합니다.
12. 밥이 다 되면 레몬견과류된장 소스를 올려 섞어 먹습니다.
13. 딜을 올리고 취향에 따라 파프리카 파우더나 칠리 파우더를 뿌려 먹습니다.

초록초록 후라이팬밥

제목을 정해놓고 끼워 맞추듯 초록 채소를 골라 만들어봤는데 의외로 너무나 맛있어 평소에도 자주 먹는 후라이팬밥입니다. 대파를 향이 나도록 볶는 것이 중요한데 대파의 단맛과 고소한 맛이 쌀에 스며들어 더 맛있는 밥이 완성되었습니다. 개인적으로 매운 걸 잘 못 먹어 오이고추를 사용했지만 풋고추를 넣어도 좋고 매운 걸 좋아하는 분들은 청양고추를 추가하면 됩니다.

Ingredients

주재료 쌀 200g, 대파 1대, 아스파라거스 2줄
부재료 방울양배추 3개, 오이고추 1개, 완두콩 2Ts
육수 재료 채소 육수 220ml
양념 식용유, 진간장, 소금

Recipe

재료 준비하기

1. 쌀은 30분 이상 불려 물기를 빼둡니다.
2. 대파는 굵게, 아스파라거스는 어슷하게, 방울양배추는 반으로, 오이고추는 먹기 좋게 썰어둡니다.
3. 완두콩은 끓은 물에 소금을 넣고 3분간 삶아둡니다.

Tip 완두콩을 둥글고 예쁜 원래 모양대로 올리고 싶다면 끓는 소금물에 3분간 데친 후 물에 씻지 말고 그대로 식히면 됩니다. 바로 물에 씻으면 껍질이 쪼그라들어요.

재료 볶기

4. 팬에 식용유를 두르고 대파를 노릇하게 볶아줍니다.
5. 오이고추와 방울양배추를 넣어 함께 볶다 진간장을 넣어줍니다.
6. 아스파라거스와 불린 쌀도 함께 볶아줍니다.

후라이팬밥 하기

7. 채소 육수를 넣고 중약불에서 12분간 밥을 합니다.
8. 밥이 다 되면 완두콩을 올려 먹습니다.

말린 단호박과 당근 후라이팬밥

평소에도 건나물을 이용한 요리를 자주 하는 편인데 말린 단호박을 요리에 사용한 것은
이번이 처음입니다. 식감은 말할 것도 없고 어찌나 달고 맛있는지 말린 단호박 요리를
더 많이 개발하고 싶을 만큼 매력적인 식재료입니다. 단순한 식재료지만 역시나 채소가
가진 본연의 맛은 그 어떤 양념보다 맛있다는 걸 이 후라이팬밥을 통해 다시 알게 됐습니다.
베이비 당근은 인터넷 몰을 통해 구매할 수 있으며 일반 당근으로 만들 경우 먹기 좋게 썰어
레시피대로 볶아주면 됩니다.

Ingredients

주재료 쌀 200g, 말린 단호박 50g, 베이비 당근 5개
육수 재료 채소 육수 220ml
양념 진간장 1Ts, 들기름 1Ts, 소금, 후춧가루

Recipe

재료 준비하기

1. 쌀은 30분 이상 불려 물기를 빼둡니다.

2. 말린 단호박은 15분 정도 미지근한 물에 불려줍니다.

3. 불린 단호박은 물기를 짠 뒤 진간장과 들기름을 넣고 조물조물 무칩니다.

4. 베이비 당근은 반으로 갈라 썰어놓습니다.

재료 볶기

5. 팬에 들기름을 두르고 베이비 당근을 넣고 소금, 후춧가루를 뿌려 볶습니다.

6. 불린 쌀을 넣고 함께 볶습니다.

후라이팬밥 하기

7. 채소 육수를 넣고 뚜껑을 덮어 12분간 밥하는데 불 끄기 3분 전에 불린 단호박을 넣습니다.

> **Tip** 불린 단호박은 다른 건나물에 비해 열을 가하면 금세 부드러워 밥이 완성되기 3분 전에 넣어야 식감을 살릴 수 있습니다.

188

템페고추장 콩나물 후라이팬밥

이 메뉴의 메인 재료는 템페입니다. 템페를 이용한 요리를 만들어보고 싶어 여러 가지 테스트를 하던 중 누구나 맛있고 편하게 템페 요리에 다가갈 수 있도록 고민하다 보니 템페고추장을 곁들인 콩나물 후라이팬밥을 만들게 되었습니다. 템페를 약고추장에 고기 대신 넣는다고 생각했습니다. 템페 특유의 향을 날리고 싶어 팬에 살짝 구웠으니 이 과정을 생략하지 마시고 레시피대로 요리하면 됩니다. 템페를 샐러드에 넣을 때도 팬에 한번 구우면 맛있게 먹을 수 있습니다.

Ingredients

주재료 쌀 200g, 템페 30g, 콩나물 80g, 채 썬 무 50g
부재료 마른 김 1장
육수 재료 채소 육수 220ml
템페고추장 재료 고추장 2Ts, 고춧가루 ½Ts, 진간장 1Ts, 참기름 1Ts, 물 2Ts
양념 식용유, 들기름

Recipe

재료 준비하기

1. 쌀은 30분 이상 불려 물기를 빼둡니다.
2. 템페는 잘게 썰어놓습니다.
3. 템페고추장 재료는 미리 섞어두세요.

재료 볶기

4. 팬에 식용유를 두르고 썰어놓은 템페를 볶습니다.
5. 볶은 템페에 템페고추장을 넣고 볶습니다.

후라이팬밥 하기

6. 불린 쌀은 들기름에 볶다가 콩나물과 채 썬 무를 올려줍니다.
7. 채소 육수를 넣고 뚜껑을 덮어 중약불에서 12분간 밥을 합니다.
8. 밥이 다 되면 마른 김을 부숴 만들어둔 템페고추장과 곁들여 먹습니다.

냉이된장 후라이팬밥

고깃집에서 고기를 다 먹고 난 뒤 식사로 된장밥이 나옵니다. 구워놓은 고기 몇 점 올려
된장찌개에 밥을 넣고 자글자글 죽처럼 끓이면 그게 사실 술안주로 그렇게 맛있어요.
후라이팬밥에서는 냉이와 버섯, 깍두기를 넣어 좀 더 담백하게 먹을 수 있도록 만들었습니다.
냉이의 향긋함이 된장과 잘 어우러져 맛있는 한 끼 밥이 될 수 있습니다.

Ingredients

주재료 쌀 200g, 냉이 30g
부재료 만가닥버섯 40g, 깍두기 3쪽, 다진 양파 2Ts
육수 재료 채소 육수 220ml, 된장 1Ts
양념 식용유

Recipe

재료 준비하기

1. 쌀은 30분 이상 불려 물기를 빼둡니다.
2. 냉이는 깨끗하게 손질해 한입에 먹기 좋게 썰어놓습니다.
3. 만가닥버섯은 먹기 좋게 손으로 찢어놓습니다.
4. 깍두기는 잘게 썰어둡니다.

재료 볶기

5. 팬에 식용유를 두르고 다진 양파와 불린 쌀을 볶습니다.
6. 깍두기를 넣고 잘 섞어줍니다.

후라이팬밥 하기

7. 채소 육수를 넣고 된장을 골고루 풀어줍니다.
8. 만가닥버섯과 냉이를 올려줍니다.
9. 뚜껑을 덮고 중약불에서 12분간 밥을 합니다.

Epilogue

저의 두 번째 책 〈후라이팬밥〉은 온전히 맛있는 책방의 장 편집장님 추천으로 쓰게 되었습니다. 매번 해산물 후라이팬밥 정도만 만들어 먹었기에 이렇게 다양한 레시피가 나올 것이라고는 애초부터 생각도 안 했거든요. 책 작업하는 내내 평소에 자주 다루지 않았던 식재료도 연구하게 되면서 요리 범위가 훨씬 넓어져 스스로 한 단계 성장할 수 있는 계기가 된 것 같아 뿌듯하고 감사한 마음입니다.

맛있는 음식은 늘 재료가 중요하다 얘기하는데 솥밥과 후라이팬밥에서 제일 중요한 것은 쌀이라고 생각합니다. 첫 번째 책인 〈모두의 솥밥〉 때부터 인연이 되어 후라이팬밥 그리고 제 요리 수업에서도 자주 소개하는 이천미감의 대표님께 감사한 마음을 전하고 싶습니다.

요즘은 각 지역 농가에서 제철 꾸러미 박스를 판매하기도 하지만 대부분 손이 모자라 온라인 판매가 원활하지 못합니다. 그래서 직접 눈으로 보고 농부님들을 만나 제철 채소와 제품을 구매할 수 있다는 게 얼마나 고마운지 몰라요. 특히 마르쉐는 저의 단골 장터이기도 합니다. 매해 제철 식재료로 요리할 수 있게 땀 흘려 고생하는 농부님들께도 감사드립니다.

후라이팬밥은 제철 채소부터 시판용 제품까지 다양한 식재료를 함께 사용해요. 간단하고 쉬운 요리가 대부분이니 코로나19로 삼시 세끼 차리느라 지친 누군가를 위해 다른 가족들이 후라이팬밥을 만들어보았으면 하는 바람도 있습니다.

후라이팬밥 촬영을 하며 다양한 종류의 후라이팬과 주방용품을 협찬해주신 키친툴, 캠핑용 후라이팬밥 촬영을 위해 흔쾌히 장소를 내어준 동호, 캠핑 장비를 지원해주신 캠프 무무, 후라이팬밥에 어울리는 와인을 셀렉트해주신 제이앤제이와인, 후라이팬밥에 찰떡같이 잘 어울리는 후라이팬을 만드는 무쎄, 영양적으로도 우수한 즉석밥을 제공해준 시작이반, 책을 만드는 동안 늘 옆에서 서포트해준 세은, 맛있는 책방의 지연, 혜순 모두모두 감사합니다.

마지막으로 또 한 권의 요리책을 낼 수 있게 해준 맛있는 책방의 장은실 편집장님, 요리를 예술로 담아준 정인 작가, 디자이너 Relish 모두 고마워요!

Index

ㄱ
간장닭갈비 후라이팬밥 ── 160
골뱅이 후라이팬밥 ── 146
꽃게 후라이팬밥 ── 116

ㄴ
냉이된장 후라이팬밥 ── 192

ㄷ
동남아풍 차돌박이
후라이팬밥 ── 098

ㄹ
라타투이 후라이팬밥 ── 172
레몬 가리비 후라이팬밥 ── 132

ㅁ
말린 단호박과
당근 후라이팬밥 ── 184
매생이 굴 후라이팬밥 ── 094
머스터드 허브 크림 닭고기
후라이팬밥 ── 028
문어 베이컨 후라이팬밥 ── 036
미역 들깨 후라이팬밥 ── 072
미트볼 후라이팬밥 ── 056

ㅂ
바지락 통오징어 후라이팬밥 ── 142
버섯 들깨 후라이팬밥 ── 044
부대찌개 후라이팬밥 ── 154
뿌리채소구이 후라이팬밥 ── 176

ㅅ
삼겹살 김치볶음 후라이팬밥 ── 156
삼계 후라이팬밥 ── 112
새우 비스크 소스 후라이팬밥 ── 040
생선통구이 후라이팬밥 ── 124
소시지 후라이팬밥 ── 052
순두부 후라이팬밥 ── 068
시금치 페스토 후라이팬밥 ── 102

ㅇ
양갈비구이 후라이팬밥 ── 150
양배추 김가루 소스
후라이팬밥 ── 164
연어 시즈닝 후라이팬밥 ── 128
오징어 먹물 후라이팬밥 ── 082
옥수수 후라이팬밥 ── 064
완두콩 그린 커리 후라이팬밥 ── 076

ㅈ
잠발라야 후라이팬밥 ── 106
중화풍 후라이팬밥 ── 090

ㅊ
참치 감태 후라이팬밥 ── 060
초록초록 후라이팬밥 ── 180

ㅋ
콜리플라워 후라이팬밥 ── 168
콩칠리 후라이팬밥 ── 086

ㅌ
템페고추장
콩나물 후라이팬밥 ── 188
토마토 올리브 후라이팬밥 ── 032

ㅍ
파불고기 후라이팬밥 ── 136
페퍼 소스 스테이크
후라이팬밥 ── 120

ㅎ
해산물 후라이팬밥 ── 024